★ 二战风云人物 ★

曼施泰因

蒋　渊◎著　于之伟　郭岭松◎主编

中国华侨出版社

图书在版编目(CIP)数据

曼施泰因 / 蒋渊著.—北京:中国华侨出版社,2015.2

(二战风云人物 / 于之伟,郭岭松主编)

ISBN 978-7-5113-5223-1

Ⅰ.①曼… Ⅱ.①蒋… Ⅲ.①曼施泰因,E.V.(1887~1973)-
生平事迹 Ⅳ.①K835.165.2

中国版本图书馆 CIP 数据核字(2015)第 039022 号

二战风云人物:曼施泰因

著　　者 / 蒋　渊

责任编辑 / 月　　阳

责任校对 / 高晓华

经　　销 / 新华书店

开　　本 / 787 毫米×1092 毫米　1/16　印张/17　字数/229 千字

印　　刷 / 北京军迪印刷有限责任公司

版　　次 / 2015 年 5 月第 1 版　2020 年 5 月第 2 次印刷

书　　号 / ISBN 978-7-5113-5223-1

定　　价 / 68.00 元

中国华侨出版社　北京市朝阳区静安里 26 号通成达大厦 3 层　邮编:100028

法律顾问:陈鹰律师事务所

编辑部:(010)64443056　　64443979

发行部:(010)64443051　　传真:(010)64439708

网址:www.oveaschin.com

E-mail:oveaschin@sina.com

前言

第二次世界大战，是迄今为止人类历史上最为惨痛的一场浩劫，给整个世界造成了巨大的灾难。据估计，死亡人数超过 6000 万，各类损失超过 40000 亿美元。在这场关系到人类前途和命运的斗争中，正义力量最终取得胜利，人类文明得以延续，和平得以恢复。

从和平到来的那一刻起，人们就开始不断反思与战争有关的一切，试图寻找制止人类自相残杀的方法和途径。时至今日，第二次世界大战结束已经整整 70 年了，这种反思还在继续。令人遗憾的是，以人类现有的历史智慧，不仅没有找到彻底消弭战争的方法，而且随着世界政治格局的进一步发展，全球各地的军事冲突不断，战火频仍，甚至在个别地区有愈演愈烈之势。有人甚至担心，是否会爆发新的世界大战！

事实上，这种担心是完全没有必要的。

二战造成的影响极为深远，涉及政治、经济、文化、科技等各个领域，给世界带来了天翻地覆的变化。特别是东西两大对立阵营的出现，彻底改变了近两百年来由资本主义支配世界的格局。随着苏联的解体，表面上这种对立已不复存在，但它所留下的阴影仍然存在于全球各个角落，当代世界全局性矛盾的焦点仍然集中于此。不过，经过战后70年的历史演变，人们基本可以形成这样一个共识：任何一方都不可能通过军事手段一举消灭对方，并存和互相竞争的局面已经形成。换句话说，就是从政治、经济、文化等诸方面较量彼此实力和影响力等手段已经成为世界范围内竞争的主流。军事手段虽然没有被完全抛弃，但是爆发世界大战的可能性微乎其微，基本可以忽略不计。

正值二战胜利70周年之际，我们策划、出版这套《二战风云人物》丛书的目的也在于此。丛书共10册，收入了二战期间"同盟国"和"轴心国"将领各5人，分别是：艾森豪威尔、巴顿、麦克阿瑟、朱可夫、蒙哥马利、隆美尔、邓尼茨、曼施泰因、古德里安和山本五十六。丛书没有止于对人物在二战期间经历的单纯记述，而是从宏大的历史战争画卷入手，就人物的性格、军事指挥艺术以及世界潮流发展进行深入分析与阐释，总结得出一个结论：邪恶势力或许凭借个人能力或物质基础而嚣张一时，但最终都无法改变正义必将战胜邪恶这一亘古不变的真理。

愿战争不再，和平永驻。

鉴于水平有限，丛书中难免会出现疏漏或错误，敬希读者批评指正。

目录

/ 纳粹当政下的职业军人 /

战争和军人是德意志历史中不可或缺的、值得大书特书的一部分内容。

一时间，以神圣罗马帝国代表人身份自居的德意志人，自称有统一世界的使命，认为只有德意志民族才是最优等的民族，有教导、提携其他民族的责任，对劣等民族则有生杀予夺的权力。这种思想在纳粹当政之后，一直持续着并有所发展。

德国与纳粹的成败也同党、军关系的离合息息相关，尤其是国防军、陆军总参谋部和纳粹党的关系更为重要。

德国与纳粹国社党的关系扑朔迷离，历来为人们津津乐道。但纳粹党与军界的关系起初并不亲密，甚至多有冲突。军人是支持了纳粹的侵略计划呢，还是一直作为纳粹的反对派而存在呢，抑或是双方在某种妥协下求得共存和相互利用呢？尤其是陆军方面的高级将领，与纳粹党和希特勒的关系更为复杂。

军人出身的希特勒对军队生活有极高的评价，在他看来："军队是最高的最后的国民教育，并不是单单学习正步走、稍息、立正等便算完了。"男性青年是军队的主要教育对象，"从军以后，青年就变为成人了，不仅须养成服从的习惯，而且还应当给予军官的训练，使他们将来有指挥的能力。"

1921年，纳粹党成立冲锋队，由慕尼黑陆军第七军区参谋恩斯特·罗姆上尉任参谋长，可见纳粹党与陆军本就关系密切。到1934年，冲锋队员人数已达200余万，当时，罗姆提出了"第二次革命"的口号，其矛头所向，就是那些没有加入纳粹党的大企业家、金融家、容克地主及德国陆军高级将领。罗姆认为，只有完成"第二次革命"，纳粹党才能真正掌握德国的一切。罗姆还积极主张将冲锋队建设成未来德国军队的核心力量。

罗姆的主张显然已经不利于希特勒此一政治主张的实施，甚至希特勒的总理位置也因此而岌岌可危。凭借冲锋队上台的希特勒希望缓解纳粹党与德国国防军的关系，限制罗姆及其冲锋队的力量过分膨胀。

1934年6月，在戈林和希姆莱等人的协助下，希特勒对冲锋队进行了大规模镇压，包括罗姆在内的150余名冲锋队头目被处决。史称"长刀之夜"。

戈林，全名赫尔曼·威廉·戈林，1893年1月生于巴伐利亚州的罗森海姆。少年时期，戈林即进入军队，并在"一战"中成为王牌飞行员，被授予普鲁士功绩勋章。1921年，进入慕尼黑大学学习，在听过希特勒的演讲后，他主动加入了纳粹党，希特勒让其带领冲锋队员。1923年参加啤酒馆暴动，之后流亡瑞典和奥地利。1930年，戈林成为希特勒的正式顾问。1933年，他在希特勒内阁任不管部部长。1935年受命组建空军。1938年晋升元帅。戈林还是德国四年经济计划的总负责人。1940年以后，戈林成为希特勒的指定接班人。纳粹垮台前夕，戈林与希特勒反目成仇。

希姆莱，全名海因里希·鲁伊特伯德·希姆莱，1900年10月7日生于巴伐利亚一个富裕的中产阶级家庭，大学时代主修农学。1923年11月，希姆莱追随罗姆参加啤酒馆暴动。1925年正式加入纳粹党。由于其出色的组织能力，希姆莱很快成为纳粹的全国领袖。在他的带领下，党卫队得以独立于冲锋队而存在。1934年，希姆莱升任普鲁士警察总监和盖世太保首脑。1936年，任德国警察总监、盖世太保首脑和党卫队帝国长官，具体负责实施德国的法西斯恐怖统治。1939年，主导制定"希姆莱计划"，制造入侵波兰的口实。1943年，任内政部长。1944年，缺乏军事经验的希姆莱担任西线的上莱茵集团军群总司令。到1945年，希姆莱眼见战事不利，这位希特勒的忠实追随者和左膀右臂试图与西线盟军实现单独媾和，并由自己出面组织政府，得知这一消息希特勒将其开除出党。

实际上，希特勒对冲锋队的镇压也是以要求国防军对其效忠为条件的。希特勒在8月20日致信时任国防部长的勃洛姆堡，言道："国防军的官兵既然效忠于我所领导的新国家，我当随时负责保证国防军的存在与不可侵犯，以实践刚刚逝世的元首的遗嘱，并且不违背保证军队为国家唯一武力的诺言。"而国防军的退让尚不仅如此。

冲锋队的被镇压当然会令曼施泰因高兴一下，但紧接着他就得知希特勒借此次清洗的机会，将国防军的冯·施莱彻尔将军和库特·冯·布莱多夫将军当场击毙。

其实，曾担任魏玛共和国总理的冯·施莱彻尔与希特勒的关系极为复杂。施莱彻尔是个天生的权术家，凭借其与总统兴登堡儿子的密切关系，在西克特的领导下，施莱彻尔平步青云。1932年，刚满50岁的他即出任魏玛共和国总理。他试图利用希特勒及其纳粹党操纵政治，在一段时期内，施莱彻尔甚至成了陆军的代言人；在他的引荐下，希特勒得以接近魏玛的权力中枢。同时，正是由于施莱彻尔取消对冲锋队的禁令才使得纳粹党得以快速发展。1933年1月，在希特勒和前任总理巴本的合力促动下，上台不到两个月的施莱彻尔提出辞呈，提议由纳粹党组阁。但对利用过他的施莱彻尔，希特勒决意要斩草除根。

曼施泰因此时在柏林第3军区司令部任参谋长，他请求他的上级维茨莱本将军向陆军总司令部陈明事情真相，揭露希特勒暗杀军官的野蛮行径。但最后，国防部长勃洛姆堡声称，希特勒是在充分掌握二人通敌证据的情况下实施处决的。勃洛姆堡对施莱彻尔本就极其反感，国防军也就顺坡下驴，再次对希特勒做出让步。

维尔纳·弗里茨·冯·勃洛姆堡，1878年9月2日出生，1904年进入柏林军事学院，1908年进入参谋本部工作。"一战"中表现突出，获得德国军队最高荣誉的蓝马克斯勋章。1933年至1937年11月，任国防部长，协助希特勒扩军。1934年的这次镇压就是勃洛姆堡和希特勒联手导演的，他一直极力避免陆军与纳粹党发生正面冲突。

但继罗姆而起的希姆莱却不愿放过他，希姆莱安插一名妓女到勃洛姆堡的办公室任职，勾引勃洛姆堡并与其结婚。1938年，希姆莱将此事揭露出来后，出席过那场婚礼的希特勒的大为光火，他立即将勃洛姆堡撤职。之后，希姆莱将矛头指向与勃洛姆堡不和却极有可能接替其职务的弗里奇。

维尔纳·冯·弗里奇，出生于1880年，曾是西克特的重要助手，1935年起任国防军陆军总司令。弗里奇是个军事全才，他在政治上和军事上都对传统势力持同情态度，同时具备非凡的外交天赋。当年，正是弗里奇向希特勒提供证据，证明罗姆加强冲锋队武装意在取代正规军，并进而发动推翻希特勒的领导。基于以上种种，弗里奇得以在纳粹党和军方势力之间游刃有余、左右逢源，军方也希望借助弗里奇的能量来捍卫其对军队的控制。但弗里奇明确抵制纳粹对新设陆军的渗透，并反对纳粹党过快地挑战"凡尔赛体系"，要求加强同苏联红军之间的联系等主张，使他遭到了希姆莱的敌视。

希姆莱向希特勒提供一份密件，声称一位名为弗里奇的人是同性恋——在纳粹的意识形态中，因为同性恋不能繁殖后代，将大不利于雅利安这一优等民族的繁衍，纳粹对犹太人的大肆屠杀也正是出于对犹太人中同性恋者的厌恶，甚至纳粹冲锋队头目罗姆也是因为其同性恋的性取向而被处死的。希姆莱据此认为弗里奇将军为同性恋者，并犯有鸡奸罪，希特勒随即解除了弗里奇的职务。虽然，弗里奇将军利用争取来的法庭调查澄清了诬蔑不实之词，证明了自己的清白，但他再也未能官复原职。

但显然，纳粹与德国军队的矛盾并不只于此。与陆军这样一个具有长久传统，又因军官团的存在而极具自我认同的部门对垒，是此后纳粹党与军方冲突的主要表现形式。

19 世纪的德国军队，以最高的理想和牺牲的精神来互相劝勉，他们主张民族统一，反对阶级分化。

从普鲁士时代到德意志帝国，德国军方虽然被认为与易北河东岸容克家族的政策密切相关，并且与德国实业家的主张也有或多或少的关系，但在德国，从来没有出现军队左右政治的局面，尤其是在帝国时代。

克劳塞维茨认为战争是政治的工具，而从毛奇到鲁登道夫、希特勒等人，则认为政治应为战争服务。但即使如此，军队仍然不具备单独掌控政治的能力和条件，很快，军队为纳粹党控制。

纳粹党的一个很重要的手段是对人民进行精神理念的灌输。

与出生于军人世家的高级将领或军官团成员不同，低级官员和普通士兵不像前者那么保守，他们深受革命精神和国家社会主义狂热信念的浸染，军官们任何反元首和反现政权的言论和行动，都不可能得到部下的认同和追随。绕过高级军官，希特勒与普通士兵直接达成了精神和意志共享。

当然，希特勒也不只是通过纳粹思想鼓动普通士兵。在他看来，要控制士兵和军官的精神，一个重要的手段就是控制军人的宣誓程序及其内容。按照日耳曼民族和基督教国家的传统，军人的宣誓不仅仅是一种例行的仪式，走走过场而已，而是一种崇高的、难以违背的精神宣言。所以，帝国时代的德意志皇帝，都要求军队对其个人宣誓效忠。但"一战"之后，共和国时期的军人不再对个人宣誓效忠。比如，在兴登堡时期，德军士兵的誓词为：

我在上帝面前神圣宣誓，忠诚并正直地随时为我的人民和祖国服务，并愿意作为一个勇敢和服从的士兵在任何时刻为实现我的誓言献出生命。

但就在 1934 年 8 月 2 日兴登堡逝世的当天，作为总理的希特勒就迫不及待地把德军誓词改成另外一种版本：

我在上帝面前神圣宣誓，无条件服从德意志帝国的元首和人民，服从国防军的总司令阿道夫·希特勒，并愿意作为一个勇敢的士兵在任何时刻为实现这一誓言献出生命。

德国成了希特勒个人的帝国，德国军队则被冠以希特勒的名号。任何违背希特勒意志的军人，也将是渎神者和叛国者，将不齿于德国人民。

宗教，甚至德意志的帝国传统，都与国家社会主义一道，成了纳粹党的精神防火墙。

精神控制之外，纳粹党也有意识地把军事将领排除在决策层之外，疏远军官与民众、政治之间的距离，脱离群众的将领们很难与依靠现代正当程序进行动员的纳粹党抗衡。除开作为现代政党的大众动员让仍停留在 18 世纪贵族式军事思维的陆军将领们在争取民意时毫无所获外，纳粹党有一个极大的优势，是其能得到民众甚至基层士兵的拥戴。这就是纳粹党在解决经济危机、改善民生、恢复德国国际地位等方面的巨大成功。许多德国民众（至今也是如此）显然很领纳粹党的情。这种巨大的民意支持，使得军方长期不敢在反对希特勒的事业上采取武力行动，他们在担心部队哗变。

但是由于希特勒喜欢干涉陆军事务，国防军最高统帅部总是跳过国防军陆军总司令部直接指挥陆军。1941 年后，他甚至全盘接手东线指挥权，让国防军陆军总司令部只负责指挥西线的作战行动。一些接受了德国陆军传统的少壮派军官对此极为不满。

德国军人并非不懂政治，他们的政治就是远离政治，这种观念虽然使德国避免陷于军事强人专政的局面，但从另一方面，军队往往成了政治强人和野心家手中的筹码和战刀。

但德国军人并非无意于政治。从 1918 年前后开始，陆军政治逐渐产生了。1918 年的战败使得德国陆军迫不及待地想与敌人再次较量一下，进行战争准备成为国防军政治中最长期有效的追求。但最大的问题是，军队失去了效忠的对象，君主制的废除使陆军政治失去了道德理论的基础。1918 年，德国士兵的投降对陆军的打击也颇为巨大，军人精神似乎也出现了某种裂痕。

为挽救蜕化的陆军精神，一方面是德国军官试图改善同士兵的关系，实行军队内部的"民主化"，同时陆军内部也希望通过政治来唤醒大众的支持。但陆军并未建立直接的军事独裁，他们试图通过与魏玛共和国政府的联合来重整陆军及其精神。

军事改革由在1920年到1928年担任德国陆军总司令的西克特推动开始，在他的领导下，古德里安等一大批杰出的统帅人才开始崭露头角，西克特的军事改革直接塑造了希特勒的军队。

整体来看，西克特时代的德国陆军军官们，希望在得到政府支持的情况下，完成其为复仇之战所做的准备工作。但军方又并不希望受到外部势力的干扰，力图保持其作为政治势力外单独力量存在的地位。西克特是一个典型的保皇主义者，对共和政体一直持保留态度，而这也是他最后被迫辞职的原因所在。

西克特，一般被称为汉斯·冯·西克特，1866年出生于德国北部梅克伦堡州与丹麦之间的石勒苏益格—荷尔斯泰因地区。1889年陆军军官学校毕业后，即调入参谋本部任职。"一战"时，参与指挥了西线战事，但他仍主要在东线活动。他先后在奥匈帝国和奥斯曼帝国任参谋长和总参谋长。1919年，西克特担任德军总参谋长，次年任德国国防军总司令，从此开始了他重建德国陆军的历程。由于《凡尔赛和约》对德国陆军人数的限制在10万人，故西克特以军官团为基础，重点培养国防军士兵的专门技能和领导才能，强调发挥士兵的个人特长和主观能动性，这样的建军理念为纳粹时期的军队提供了充足的领导人才，他因此被誉为"二战"德军之父。值得一提的是，1933年，西克特作为蒋介石的私人军事顾问，向国民政府提出《陆军改革建议书》，该建议书成为之后国民党军队改革的蓝本。

一位战史专家认为："西克特计划对重组德军极为重要，若无视西克特计划的影响，对'二战'时期希特勒部将的任何评价都无甚价值可言。"西克特新组建的国防军，包括 4000 名军官和 96000 名士兵，借助国家和民间的其他组织，西克特使得这些军人得到锻炼和实践的机会，使其在大战之前具备了良好的军事指挥能力。西克特的整军计划，就以这种公开与半公开的方式迅速推行着。

在战术思想上，得益于一战中东线的经验，西克特对德国陆军的最大改变是对部队机动能力的极力推崇。他的基本观点是：在现代世界，只要能运动神速，快速出击，一支精兵就能比庞大的旧式军队更为机动善战，更易占得先机。同时，灵活性也强调各级指挥员能深入前线，洞悉战情，并快速做出反应，以取得胜利。但西克特当时言及机动灵活战术的实施时，仍是建基于汽车运输和骑兵层面，并未言及坦克在突击战中的作用。但闪击战的基本理念已经可见胎动。

以其对内政和外交的明确理解，谦虚谨慎的西克特得到了德国文官集团的信任，共和国政府也认为他能理性地控制军方的复仇情绪和战争狂热。

西克特主要通过陆军总参谋部实现其改革计划。总参谋部的变化及其与后来的国防军最高统帅部的权力分配上问题一直未能得到解决，而曼施泰因的发迹也得益于其在总参谋部的任职经历。

德国的总参谋部，设立于 1806 年。1821 年首任总参谋长卡尔·冯·米夫林男爵上任，这标志着总参谋部的正式成立。总参谋部的任务是负责研究德国对外战争的各个方面，指定部队的机动方案和战争战役的实施方案，拟定作战计划和军事动员计划。总参谋部的设立标志着德国的军事决策由传统时期战争的"统帅决策型"模式向近代战争的"军官团决策型"模式的转变。

按规定，正式的参谋部人员为终身制，在一线部队和参谋部之间轮流工作。在老毛奇时代，总参谋部取得了与战争部平级的地位，总参谋部成了战争的真正指挥者，他们为德国统一战争立下了汗马功劳。但随着"一战"的结束，德意志帝国瓦解，总参谋部也失去了往日的辉煌。但总参谋部并未就此完全脱离出人们的视线。

在《凡尔赛和约》的约束下，德军总参谋部被废止。1919 年，德国在由文职担任部长的国防部之下设立一个统帅部长官的职位。在统帅部下设立陆军局和部队局，后者相当于之前的大总参谋部，下设四个处，共约 60 名军官，由西克特领导。冯·弗里奇男爵中校任第一处处长。总参谋部从"一战"后期的实际最高军事权力机关的位置上，一落千丈，在部队局的幌子下，它仅相当于统帅部的一个处，其局长在统帅部中仅列第四位，排在国防部长、国防军办公厅主任和统帅部长官之后。部队局局长成了统帅的最高助手，第一军事顾问，不再具有指挥部队的权力。

从此一时期开始，总参谋部不得不开始应对在南方的慕尼黑等地逐渐发展起来的纳粹势力的阻挠和攻击，希特勒领导的暴动即在 1923 年底被西克特强力镇压下去。

1926 年，西克特因擅自邀请普鲁士威廉亲王的长子参加军事演习，被迫辞职下台。接替他的是威廉·海耶中将——他指定的接班人。相对于西克特，海耶对民主制度抱有更多的好感，也愿意接受新时代的思想。但西克特仍在幕后发挥着作用，直到希特勒进入权力中枢为止。

到 1934 年前后，总参谋部与希特勒的关系发展到新的阶段。希特勒一方面试图获得军方的支持，另一方面则不断分化军方的权力。1935 年，希特勒重组总参谋部。在军事问题上，总参谋长须服从陆军总司令，政治事务则归国防部长负责，而当时的国防部长勃洛姆堡还兼任武装部队总司令。

当然，由于陆、海、空三军内部的矛盾，德国也难以形成一个类似"武装部队总参谋部"的组织。陆军总司令部认为这样的新组织势必攫取其作为德国传统军事部门权力继承者的身份，而海军高层则认为陆军部门对其的命令纯属瞎指挥，而握有空军指挥全权的戈林显然也不愿意将空军纳入政府控制之中。希特勒本人也认为这样一个组织必将碍手碍脚，武装部队总参谋部因此胎死腹中。未来的数年间，陆军方面为设立这一机构还做过多次努力，曼施泰因几次参与其间。

总参谋部阻止纳粹和希特勒强力扩张的努力归于失败。但此一时期，曼施泰因确是官运亨通。

1934 年 2 月，曼施泰因出任柏林第 3 军区司令部的参谋长，军衔升为上校。第 3 军区担负着防卫首都柏林安全的重责，军区司令是维茨莱本将军，曼施泰因与其相处得相当融洽。

埃尔温·冯·维茨莱本，1981 年出生于今波兰弗罗茨瓦夫，他在"一战"中屡立战功。1934 年升为少将，两年后晋升上将。"二战"初期，因其在西线的优异表现，1940 年，获得元帅军衔。1934 年长刀之夜后，他与格特·冯·伦德施泰特、曼施泰因及威廉·里特尔·冯·勒布一同要求调查冯·施莱彻尔等将军的死因，使希特勒极为恼火，强迫他提早退伍。但曼施泰因似乎未受直接牵连。

1935 年 5 月，希特勒重组陆军总参谋部，设立空军参谋总部，海军则不设总参谋部。保留战争部办公厅。但这些机构并未试图协调一致。到此时为止，曼施泰因在陆军总参谋部已经工作了 10 年之久。

为应对扩军的需要，总参谋部此时已由部队局时代的 4 个处扩展为 12 个处，恢复设立了中央处，训练处和外军处现分为两个处，增设了运输处、技术处、补给处、测量处、工事处和战史处，等等。

　　7 月，曼施泰因升任陆军总参谋部主管作战的第一厅厅长。在这个位置上，他参与制定了德军武装进驻莱茵地区的计划。1936 年 3 月，希特勒陆续将一个师的部队开入莱茵地区，接到希特勒通知的英法两国并未采取实际行动加以阻止。

1936 年 3 月，德军开入莱茵非军事区

1936 年 10 月，曼施泰因晋升少将，出任陆军总参谋部第一军需部长，成为总参谋部的二号人物，兼任副总参谋长，逐渐接近德军最高决策层了。他的直接领导是陆军总司令弗里奇将军和陆军总参谋长贝克将军。

路德维希·贝克，1880 年出生于莱茵黑森的一个工业家庭，父亲是当地一个铸铁厂的厂长。1898 年加入德军，1899 年晋升少尉，就读于炮兵工程学院。"一战"期间以参谋军官的身份参与西线战事。战后被西克特看中，西克特认为贝克将是总参谋部的一位修养高深、务实认真，并具有敏锐而深刻理解力的领导人。1932 年，贝克晋升中将军衔，1933 年 10 月出任部队局局长。贝克与弗里奇观点一致，都认为必须加强德国军备，使其达到其他大国的同等水平，具备防卫捷克斯洛伐克和法国这样的国家进攻的能力。1935 年陆军总参谋部重建后，贝克自认有恢复它昔日作为军官团精神学校这一荣光的使命。

1935 年 10 月 15 日，柏林军事学院成立 125 周年暨重开庆祝大会隆重举行，包括希特勒、战争部长勃洛姆堡在内的许多高级将领均出席了这一活动。贝克在大会上发表演说，他从毛奇讲起，详尽地阐述了新的总参谋部根据传统规律所应遵循的工作原则：富于逻辑性和系统化的思维；对形势做认真细致的分析；行动时应果断、富于责任意识；避免"走马观花"和冲动轻率的做法。贝克还强调，尽管在工业化之后，军事领域在机械时代发生了迅猛的技术革命，但其基本原则不应改变。决定战争胜负的，是人而不是机器。贝克的这种观念显然与希特勒头脑中富于幻想和无系统的军事思维格局大相径庭，希特勒对军事技术与装备的强调更是不遗余力，在场的希特勒估计早已恨得牙痒痒了。

但希特勒并未对此加以足够重视，贝克的主张在其强力推行下，逐渐在年轻军官头脑中生根发芽，成为日后反希特勒斗争的思想来源。其中一项重要内容就是：在国家和军事危机时刻，军队的最高指挥权必须掌握在陆军和总参谋部手里，必须维护总参谋部赖以存在的共同负责的原则，拒绝对绝对命令的盲目服从。在这一场斗争中，曼施泰因坚定地站在贝克一边，认为与陆军总司令及其总参谋长应掌握作战指挥权，海空军则只是辅助角色而已。而头号反对者戈林显然不可能接受这样的主张，贝克的总参谋部仍只是陆军的总参谋部而已，而战争部长勃洛姆堡显然也无力组织设立一个统一的国防军参谋部。

甚至由于资产阶级力量的渗透，贝克在参谋总部内部也难以取得部下的支持，他建立一个反抗政治领导、反抗希特勒的统一战线的企图，也只是梦幻泡影而已。

在总参谋部的曼施泰因可能多少也有些不得志的地方。比如，由于缺乏更多的实战经验，贝克基于其谨慎小心的军事发展战略思想，不同意古德里安的主张，即通过使用军师级别的坦克军团，在摩托化步兵和自行炮兵的跟进下，结合航空队的近距离支援，以闪电般的速度取得战役胜利。直到1939年，总参谋部才接受了这一战术思想。虽然在这一点上，曼施泰因并不明确表示疑义，但在性格上，较之缺乏热情和想象力，言必称毛奇、施里芬的贝克，曼施泰因则言辞犀利，活泼、才思敏捷而富于想象力。二人之所以能密切合作，相得益彰，显然是出于对陆军传统精神的共同信仰。

贝克的军事战略仍以防卫为主，这也与希特勒试图通过进攻作战拓展生存空间的总体战略相左。贝克与希特勒军事战略的冲突集中体现在德军进驻莱茵地区、援助西班牙佛朗哥政权时期。1937年，著名的防守战略家，时为炮兵将军的威廉·约瑟夫·弗朗茨·冯·勒布撰写《防御》一书，也认为德国重整军备应以防守态势为基本原则，以确保国家的安全。勒布和贝克都出生于炮兵系统。1876年，勒布出生于巴伐利亚的兰茨贝格；1900年参加过镇压义和团的侵华战争；"一战"后，也曾参与镇压纳粹啤酒馆暴动的行动；1938年，勒布被希特勒要求提前退役。

参与西班牙内战的德国秃鹰军团

在贝克自己制定的防卫计划中，名为"红色"的计划用以对付法国，他计划用2—4个较弱的集团军在莱茵河一线布防，以一个集团军和西里西亚的军队阻挡波兰或捷克斯洛伐克的进攻。名为"绿色"的计划则旨在应对布拉格的进军计划。两个进军计划都是纯粹的防御计划，均要求德国在东西两线构筑坚固的防御工事。

从 1936 年到 1937 年冬，暗藏于陆军司令部、总参谋部与战争部之间的权力纷争，愈来愈尖锐化。1937 年 1 月，为促进国防军的思想和战术训练，勃洛姆堡筹办举行国防军沙盘作业演练，但总参谋部认为此举纯属多余，曼施泰因甚至称这种水平的沙盘作业是十足的半瓶子醋，毫无实战价值。为避免军方全面公开地分裂，勃洛姆堡不得不做出让步。

但勃洛姆堡也力图加强其战争部的实际权力。1937 年 6 月 24 日，他就国防军在战时的指挥权问题下达了一个指令，突出强调了战争部的最高指挥权，引起总参谋部的严重不满。9 月，曼施泰因协助贝克也拟定了一份关于国防军统帅机构和作战指挥问题的备忘录，再次强调了在德国面临军事冲突中，陆军所具有的决定胜负的关键意义，而指挥陆军的陆军总司令及其总参谋长理所当然地应掌握最高指挥权。但无疑，无论是战争部长，还是陆军总参谋部，二者所主张的防御战略都与希特勒的主张背道而驰。这时，希特勒行动了。

1937 年 11 月 5 日下午，希特勒突然召集战争部长冯·勃洛姆堡、外交部部长冯·诺伊拉特男爵、国防军总司令弗里奇、空军总司令戈林和海军上将雷德尔开会，希特勒的军事副官霍斯巴赫也参加了此次会议。外交部部长诺伊拉特男爵曾受兴登堡临终嘱托，要求极力避免德国人民再次卷入战争。

希特勒全面阐发了他对德国所面临的政治经济局势和外部军事环境的看法。这不啻为希特勒对反对派的宣战。霍斯巴赫也深感此次会议的重大意义，在会后根据记忆整理出一份备忘录，成为日后纽伦堡审判的重要材料，史称《霍斯巴赫备忘录》。

在这次总理府的报告中，希特勒直接陈明：解决"德国问题"只有使用武力这一条道路。德国的前途取决于其生存空间的拓展，首要的是在欧洲大陆进行军事扩张。希特勒的野心并不止如此，他确立了一个"先陆地，后海洋"的三步走战略：第一步，以建立"大德意志"国家为核心内容，其领土主要包括捷克斯洛伐克、奥地利和波兰北部的但泽走廊，等等；第二步，西面打败法国，东方消灭苏联，从而夺取欧洲大陆霸权，作为大德意志帝国称霸世界的基点；第三步，全力向海外发展，决战英美，称霸世界。

当德国的外交部门和军方正在汲汲于求得德国的生存和安身立命的根本时，希特勒已经意图利用《凡尔赛和约》和英法等国家的外交政策失误，通过军事征服，扩大德国的生存空间。要实现这一目标，希特勒需要给决策层好好地上一课。

但反对者显然不愿就此罢手，会议结束后，外长诺拉伊特立刻到位于本德勒大街的陆军总参谋部拜访弗里奇和贝克，商讨如何劝说希特勒放弃其进攻战略。讨论到最后，大家达成一致意见：由弗里奇面见希特勒，从军事角度向"元首"说明他的战略企图不可行的理由，德国并不具备在必须稳固东线防御的同时，可在西线对英法发动大规模攻击作战的能力。同时，诺拉伊特也准备从外交角度向希特勒进言，陈述全面破坏《凡尔赛和约》的可怕后果。

几天后，弗里奇就去埃及休假了。走之前，弗里奇要求对贝克和曼施泰因再次对总参谋部所拟的"绿色"作战计划进行审核，以判定在西线防御法国的情况下，发动大军迅速占领捷克斯洛伐克的可能性。他显然不希望这一作战计划得到通过，但很快，他自己就从陆军总司令的位置上跌下来了。

弗里奇被去职之后，希特勒迎来了一个攫取军队最高指挥权的重要契机，他决定废除战争部，由自己直接接管国防军的指挥权。同时，曼施泰因建议希特勒可以考虑设立一个国防军总参谋长的职务的提议，也被希特勒拒绝。贝克被允许保留职务，而其下属曼施泰因却被贬谪，应该与此事有关。

1938年2月，受前述弗里奇事件的牵连，时任总参谋部首席军需长的曼施泰因被牵连，总参谋部的二号人物被贬到第18师任师长，该师驻扎在东部靠近波兰的利格尼茨。

2月4日，希特勒对国防军中最德高望重的，而且一贯反对纳粹统治的16名高级将领进行了一次大规模清洗，包括龙德施泰特、勒布、克莱斯特这些人在内的高级将领全都被勒令辞职，然后转入预备役。

同一天，希特勒宣布正式接管国防军指挥权：由新成立的国防军统帅部接管原战争部的职务，部长为尽职尽责的威廉·凯特尔，他直接对希特勒负责。凯特尔生于1882年，未经战阵的他在军队里的人缘并不好。1935年由师长超擢为陆军部局长，其职位全因其对希特勒的言听计从而来。但即使是他，也一度试图将总参谋部从陆军总司令部下分立出来，恢复第二帝国时期大总参谋部的统领格局。

接替弗里奇职务的是其好友瓦尔特·冯·布劳希奇，希特勒之所以选择他，却是因为此人是个不折不扣的中间派，他的上台既能得到陆军方面的同意，又不至于违背"元首"的意旨。

但很快，希特勒发现贝克与布劳希奇形成了新的反对派。陆军司令部、总参谋部与国防军统帅部、国防军指挥局之间的政策斗争并未结束，双方仍在争夺国防军的指挥权。8月，贝克的总参谋部再次拟定了一份备忘录上陈希特勒，重申了德国应避免挑起战争的总体战略，不赞成希特勒侵占捷克斯洛伐克的苏台德地区，贝克甚至试图发动兵谏，并希望布劳希奇和所有的军长能以集体辞职来配合自己的行动，但此举未能得到布劳希奇的支持；得知此事的希特勒气得火冒三丈，同意了灰心绝望的贝克的退职申请，由哈尔德接任总参谋长。

此后，虽然陆军的将领时有避免挑起战争的提议，但他们仍一步步地被希特勒拖入了战争。弗里奇认为，贝克的离职，标志着一个时代的结束，德意志的命运已完全交到希特勒手上了。

3月7日，曼施泰因曾陪同贝克及一大批高级将领面见希特勒。希特勒对陆军参谋们说，他想从西面入侵奥地利，想听听他们的意见。首次得蒙召见的曼施泰因仔细地观察了希特勒，在他看来，希特勒口才极好，谈话颇具说服力，很有逻辑，对很多军事问题是有见地的。同时，希特勒对战车等新式装备的研制和技术改进工作很是关注，对这些，曼施泰因也抱有同感。之后，曼施泰因协助贝克，完善了吞并奥地利的行动计划。

这一计划被称作"奥托"计划，是前国防军总司令勃洛姆堡于1937年6月在国防军指令中提出的。其实，贝克不愿意对勃洛姆堡的计划进行进一步完善，他们仅花了5个小时应付了事。他已无力阻止希特勒的进军步伐了，只能要求参加行动的德军小心意大利和捷克斯洛伐克军队的动向。

出乎贝克等人意料的是，当德军第8集团军3月10日借演习之名进入奥地利时，受到了奥地利民众的热烈欢迎。英法对奥地利舒施尼格政府的求援要求置之不理，同盟者墨索里尼则完全支持希特勒的举动，放弃自己对奥地利的权力要求，要知道，历史上双方为争夺此地可是几度刺刀见红，德军兵不血刃地吞并奥地利及其联邦军队，希特勒的声望因此大增。13日，德奥签订《关于奥地利和德国重新统一法》，德国正式吞并奥地利。称霸的第一步顺利完成了，他相信，接下来的几步也会很顺利实现的。

总体看来，希特勒与陆军参谋总部的矛盾极深，有些甚至是原则性的。双方在军事政策，甚至在政治上展开了激烈较量，总参谋部输多胜少，但希特勒也未能打入总参谋部内部，总参谋部的人事虽不断更替，但还是保留下不少反对派。

1938年9月，慕尼黑会议结束后，英国首相内维尔·张伯伦抵达英国赫斯顿机场发表演说

1939 年 4 月 20 日，德国马克 Ⅱ 型坦克开进捷克首都布拉格的瓦茨拉夫广场

4 月初，曼施泰因践履新职，被降职的他，仍时常得到贝克的关照，保持着与陆军总司令部的密切关系。贝克的去职，彻底断绝了他与总参谋部的联系，他再也没能回到那里。伤心的曼施泰因不免产生兔死狐悲之感。

曼施泰因虽然不满希特勒的总体战略，但担任师长的他，却仍是兢兢业业。他很高兴，能作为一级主官，第一次亲自统帅军队。自 1935 年开始，德国国防军一直致力于扩充军队，直到 1938 年，这一工作远未结束，因此，类似曼施泰因这样被下放的干部就必须承担训练新军的任务。到 1938 年的冬天，希特勒还以国防军总司令的名义发布命令，要求陆军参谋部将为未来战争所做的准备工作搁在一边，全力投入新编部队的组织和训练。可以想见，那几年的德国陆军训练场是一副何等忙碌的图景。

曼施泰因所率领的第 18 师也是一个新组建的师，士兵中有许多来自西里西亚。西里西亚一直是出精兵的地方，在这些西里西亚士兵身上，曼施泰因似乎能看到传统的德国陆军精神，他希望自己能带出一支真正的德国陆军部队来。

脱离了总参谋部的圈子后，曼施泰因的消息闭塞了很多，相较于之前还能参与制定吞并奥地利的军事计划，德国吞并捷克斯洛伐克的苏台德地区的军事行动时只能以领军将领的身份出现了。冯·勒布上将被重新召回现役，作为参谋长的曼施泰因跟着由勒布率领的第 12 集团军进占苏台德地区。曼施泰因仍得以在他极为熟悉的参谋官位置上建言献策。

/ 随军攻入波兰 /

1939 年夏天，曼施泰因收到"白色进军指令"，他被任命为南方集团军群参谋长，奉命准备攻入波兰，他的这种超擢应该是出于希特勒对其能力的一种看重。

在曼施泰因看来，这一计划显然是半年以内才开始设计出台的。

1919 年，波兰借助《凡尔赛和约》占据德国大片土地，此后，灭亡波兰论在德国陆军内部颇有市场。包括曼施泰因在内的德国人虽然认为这种边界划分毫无道理，但他们也反对用武力灭亡波兰，因为一旦开战，德国很可能再次陷入如"一战"一般双线作战的恶劣境地。曼施泰因认为边界问题解决之道是靠武力，和平谈判是不可取的，应当在武装打退波兰吞并东普鲁士或上西里西亚地区的军事行动之后，发动政治和外交攻势，以争取在谈判中取得主动，占据上风。在避免灭亡波兰的情况下，德国仍有解决边界问题的可能。

西克特曾言："波兰的存在是无法忍受的，与德意志的生存条件格格不入。必须通过它自己的、内部的弱点，通过俄国……加之我们的帮助，使其灭亡。"他认为，应在波兰与法国联合对德作战之前，先发制人，与俄国合作，瓜分波兰。

但曼施泰因认为西克特这样的主张已经落后于政治和军事的发展形势了。通过与苏联的实际接触，他了解到，在更远的东方，苏联红军的军事力量在逐步增强，但他们对纳粹德国并不抱有更多的好感。西方的法国，虽然同意签署《洛迦诺公约》，支持德国重返国际社会，但法国与德国是世仇，一直试图在德国背后寻求战略盟友。如若灭亡波兰，法国很可能转向苏联寻求支持，这将比法、波同盟更令德国头疼。对德国而言，最佳的选择是，保持现状，在保证德国利益不再受损的情形下，尽力协调与波兰的边界问题。甚至这种边界问题，也可以通过全民公决来解决。但独立的波兰显然不可能再支持德国要求连接其本土与东普鲁士领土的主张。

曼施泰因甚至认为，希特勒的突然崛起也为德国与波兰进行领土协商制造了重要契机。1934年，德国与波兰在柏林签订《互不侵犯条约》，2月24日该条约正式生效，其主要内容是："缔结双方保证不使用武力而用和平协商的方法解决两国间发生的争端。双方在10年内互不侵犯、互相尊重现有领土主权。"曼施泰因认为，在希特勒摒弃与苏联的友好关系之后，波兰对德国的敌意会进一步降低。同时，希特勒的扩军行动和外交胜利，也使波兰不再试图损害德国的利益。德国可以借波兰对捷克斯洛伐克提出领土要求的契机，要求波兰进行边界问题的磋商。

希特勒的外交部长约阿希姆·冯·里宾特洛甫（中立者）宣布签订《苏德互不侵犯条约》

　　无论如何，曼施泰因未曾想到要用武力解决德波之间的领土纠纷，更未曾设想到希特勒此举会引发世界大战。所谓当局者迷，可能就是这个意思。

　　在这样想法的指导下，曼施泰因开始执行"白色进军指令"。1939年8月12日，为准备南方集团军群司令部的组建事宜，陆军方面在西里西亚的诺伊哈摩尔训练基地成立筹备小组，由总参谋部布鲁门特里特上校任组长，并兼任集团军群作训处长，作为中将的曼施泰因也是小组成员之一。

　　曼施泰因对布鲁门特里特印象极好，他们相熟于德军进占苏台德时期，那时他们一起在勒布的司令部工作。践履新职的曼施泰因，遇到来自参谋总部的朋友，一下子感到自己并不是一个人在战斗。布鲁门特里特感染曼施泰因的还有他热情奔放的姿态，他既有干练的办事能力，也能倾听和处理曼施泰因提到的琐碎问题，显然，布鲁利特并不是一个只看重关键问题的传统军人，而是能做（细小）实事的干将。这让曼施泰因也有想大干一场的冲动。

当筹备小组到达诺伊哈摩尔的时候，曼施泰因的 18 师正在该基地进行每年一度的师团演习。布鲁利特和曼施泰因持同样的观点，他们并不认为自己在为一次全面的战争做准备。他们都知道，希特勒正在与波兰进行边界问题谈判，虽然并不知道协商的具体进程。他们明显未曾意识到英国对波兰的国家安全所做出的保证的有效性，甚至认为，即使德国吞并波兰，英国也绝不肯与德国为敌，这多少出于曼施泰因对希特勒这员"福将"的乐观估计，或者是他们已被希特勒大喊"我又不是白痴，怎么会因小失大"的口号深深迷惑了。不是吗？希特勒的军事动员只是在给波兰施加政治压力罢了，世界大战还是很遥远的事情呢！

8 月 13—14 日，曼施泰因的 18 师接受了冯·龙德施泰特大将的检阅，师、团演习就此结束。第二天，南方集团军群与空军，举行了一次大规模的实弹协同射击演习，演习中发生重大事故，空军所属的一个中队的俯冲式轰炸机，因对云层高度计算失误，冲进森林全部损毁了。8 月 16 日，集团军群又进行了一次小型的团级演习。之后，集团军群各部队开始离开训练基地，到下西里西亚边界地区展开。

冯·龙德施泰特大将，全名卡尔·鲁道夫·格尔德·冯·龙德施泰特，生于 1875 年，1903 年入柏林军事学院。1907 年供职总参谋部。1932 年任第 1 集团军司令。纳粹上台以后，龙德施泰特与希特勒在弗里奇事件、吞并奥地利和苏台德等问题上爆发尖锐冲突。龙德施泰特是德国军界传统的最佳代表——忠于职守、政治保守、军事事业至上，对那些不懂军事的外行如希特勒之流颇多鄙视。但忠于军队和国家的他，深感责任重大，又不得不忍受那些本当被他唾弃的行为。

曼施泰因极为崇拜龙德施泰特，称他是具有战略天才的军人，能在瞬间抓住问题的本质，"我们每个人都认识他"。他那老牌贵族的独特魅力和风度，甚至连希特勒都为之倾倒，多次重召他入伍。此次希特勒重召龙德施泰特回归现役，命其担任南方集团军群总司令，也是看重其早年曾在波兰地区任职的经历，对波兰极为了解的龙德施泰特显然是最佳的统帅人选。晚年的龙德施泰特成为纳粹德军最耀眼的将星之一，多次与曼施泰因共事。二人关系也是极好，即使被盟军逮捕之后，他还试图要求能与曼施泰因一道接受审判。

8月19日，曼施泰因和龙德施泰特接到希特勒的命令，让二人赴上萨尔茨贝格开会。希特勒召集了所有集团军群和集团军司令及其参谋长，以及海、空军相应级别的司令。多年以后，曼施泰因仍然记得戈林的穿着，认为他像是来参加化装舞会的，看着戈林腰间悬挂的一把配有镶金红皮剑套的豪华短剑，曼施泰因与身边的冯·扎尔穆特将军讥诮道："呵呵，这胖子像是来当保安的呀！"显然，曼施泰因对戈林的不满早已存在了。

会议在一栋山间别墅中举行，希特勒对高级将领们进行了训话。曼施泰因后来言道，希特勒看起来已经下定了决心，想要彻底解决德国与波兰之间的问题，即使会引发一场战争也在所不惜。就大家担心的英法参战问题，希特勒通过对英法军备的落后状况、两国领导人的优柔寡断、德国"西方壁垒"的坚固等双方情况的分析，认为英法绝不可能诉诸武力。同时，希特勒公布了德国即将与苏联签订互不侵犯条约的消息。

希特勒显然是在分析使用武力解决问题并避免全面战争的可能性，而在曼施泰因看来，希特勒的这次训话，包括他召开这次高级将领会议，其本身只不过是再一次对波兰施加政治压力而已。波兰肯定会知道这次会议的消息，同时，他们也能侦查到德军的调动，这种情况下，德军已经失去了突然袭击的条件。认定英法不敢放手，并得到苏联暗中帮助的德国，必将收到华沙的和谈请求。而希特勒希望得到的显然不仅仅如此，实际上，与苏联的条约也将他自己和整个德国架上了战车。

早在德国占领捷克斯洛伐克之后，希特勒即向波兰提出解决领土问题的方案，要求波兰将但泽割让给德国，并允许德国在波兰走廊建造通往东普鲁士的铁路。在英国的支持下，波兰断然拒绝了希特勒的要求，而且态度越来越强硬，根本不准备与德国人进行外交磋商。颜面无光的希特勒越来越寄希望于通过武力解决问题。

对于这一选择，布劳希奇提出了审慎的保留意见。在希特勒与军方的碰头会上，布劳希奇言道："如果我们的敌人只是英法和波兰的话，我们还有取胜的希望；如果招惹了苏联，我们将毫无胜算。"但即使是如此温和的布劳希奇，仍是难逃纳粹党的压迫。不久，布劳希奇不得不公开表示自己对元首的忠诚，其方式就是在坦能堡发表威胁波兰的言论，要求其尽快接受德国的提议。不过，布劳希奇的建议也为希特勒接受，很快，德苏签订停战协定。

希特勒已经决心进军波兰了，布劳希奇和哈尔德眼见形势不利，不得不开始着手制定攻击计划了，他们只希望德国的举动不至于遭到英法的军事回击。

不以为意的曼施泰因在离开贝希特斯加登的时候，还向龙德施泰特请了几天假，回到利格尼茨与家人团聚了几天，丝毫没意识到战争就在眼前。

1939 年 8 月 24 日，龙德施泰特正式担任南方集团军群总司令。第二天，集团军群司令部收到陆军总司令部的命令，要求在第二天凌晨发动攻击。曼施泰因等人的和谈设想被现实打破了，但颇具戏剧性的是，几个小时以后，希特勒又紧急撤销了命令，白色进军指令暂停执行。一阵手忙脚乱之后，曼施泰因总算是让已经准备开战的部队停了下来。到 8 月 31 日下午，曼施泰因再次收到进攻命令，基于前一次的经验，曼施泰因二人认为这可能是希特勒又一次故布疑阵，但直到第二天凌晨，他们也没有收到进一步的命令。可是战争却悄然开始了。

白色进军指令，也称作"白色方案"，由布劳希奇和哈尔德亲自主持制定，其主要设想是：德国以两个陆军集团军群对波兰实施突然攻击，一举击溃波兰西线的主力军队。之后，由费多尔·冯·博克将军指挥的北方集团军群（下辖两个集团军，编有 5 个步兵军和 1 个装甲军。驻扎在波美拉尼亚的第 4 集团军由格奥尔格·冯·屈希勒尔中将任司令，包括 4 个步兵师、2 个摩托化师和 1 个装甲师；部署在东普鲁士的第 3 集团军由冯·克鲁格大将任指挥，包括 1 个装甲旅、1 个骑兵师和 8 个步兵师。后者的机动能力显然难与前者相比。）突破波兰走廊，从北线挺进华沙，并切断波兰西线军队的撤退路线，渡过纳雷夫河之后，从背后攻击维斯瓦河沿岸的守军。

而由冯·龙德施泰特大将指挥的作为主力的南方集团军群，由3个集团军的兵力组成，共计36个师，分别部署在西里西亚、波西米亚和斯洛伐克的部分地区。其中第8集团军由约翰内斯·布拉斯科维茨大将任司令，下辖5个步兵师，负责攻击波兰西线军队。第10集团军由瓦尔特·冯·赖歇瑙中将指挥，下辖6个步兵师、2个装甲师、2个摩托化师和3个轻装师，直扑华沙。第14集团军则由西格蒙德·李斯特大将指挥，以5个步兵师、2个装甲师和1个轻装师的兵力从南部包抄波兰军队，力争与第3集团军在华沙以东会师，歼灭波兰的残余部队。陆军总司令部赋予前线指挥官充分的自主权，这一策略的采用在实践中被证明是意义重大的。

显然，此一时期的德国集团军在编制上还是混杂的，摩托化师和装甲师仍共存于一个集团军内，甚至骑兵的突击作用也还未被取代。德军以装甲师和轻装机械化师担任突击，摩托化师迅速跟进支援。波兰的开阔地形和脆弱的国防力量，都为德军的"闪击战"提供了绝佳的表演场。

不仅波兰，即使英法两国的军方，对此种快速高效的作战模式，也缺乏必要的了解。丘吉尔后来曾坦言：

因为许多年来我不曾和官方的资料接触，所以我对于上次大战之后，大量快速重装甲兵力所带来的猛烈革命并无深入的了解。虽然我也略知一二，但那却不足以改变我的旧观念。

显然，对手们并未意识到德军战术的实际效果和未来影响到底会有多大。

波兰的兵力部署上也有畸轻畸重的特点，由于主要的工业区和煤矿产地均在维斯瓦河以西地区，出于经济利益的考虑，波兰陆军的防线不得不在国境线以后集结重兵，这大大限制了波兰军队的战略纵深和机动作战的可能。波兰将1/3左右的兵力集中于波兰走廊附近，现在恰好被从西边和东普鲁士来的德军合围。

总兵力方面，波兰陆军共有30个常备师和10个预备师，波兰的主要机动力量是其12个大型骑兵旅，其中1个旅已实现了摩托化。另有250万可动员的预备役人员。空军方面，波兰大约有1000架各类飞机。虽然接受了法国的阵地战思想，波兰陆军崇尚进攻，未在面对德国的方向上修筑坚固的防御工事。各类武器也大都是第一次世界大战遗留下来的。

9月1日凌晨4点45分，德国空军率先出动，对波兰的交通设施和空军基地等发起攻击。六点钟，德军以14个机械化师或部分机械化师为尖刀，在另外40多个正规师的跟进下，越过边境线进入波兰。

开战后，德军出动2500架飞机，对波兰机场、交通枢纽、桥梁、电站等重要设施进行大规模空袭，波兰的空军基本覆灭在停机坪上，铁路大规模的损毁则进一步降低了波兰军队的机动力。波兰的陆空军还未来得及展开就被德军击溃了。

曼施泰因将波兰军队的迅速溃败归之于其"不放弃一切"的军事指导思想，不愿进行战略撤退，将大军沿国境线展开。这使其本就相对不足的兵力更为分散，在被德军突破防线后，再难组织反突击。本应为争取时间而战的波兰军队从一开始就选错了方向。

曼施泰因所在的集团军司令部设在尼斯的圣十字架修道院。在进一步的前线情况传来之前，司令部并未随部队前移。这家修道院是一个培养天主教传教士的所在，其修士经常到欧洲各地进行传教活动。修道院远离尼斯城区，规模很大，最令曼施泰因高兴的是，它还有一些简洁的教室和宿舍，司令部设立于此，再合适不过。

司令部的人员与修道士们隔墙而居，过着与修道士们斯巴达式生活方式极为相似的简朴生活，每日以野战炊事班的汤，就着军用面包或硬香肠，但这多少使初临战阵的曼施泰因有点不适应。好在修道士们拿来了部分色拉和自种的蔬菜，与司令部的军官们分享，修道士们的传教故事使神经紧张的曼施泰因等人稍事放松。相似的两类人是极容易产生共鸣的。

从9月1日凌晨开始，作为集团军群参谋长的曼施泰因焦急地等待着从前线传来的第一份报告。曼施泰因有过在基层带兵的经验，知道基层军官们在攻势开始前都是高度紧张的。连排长们目不转睛地盯着手表，静待着冲锋时刻的到来。但是，当军号响起以后，一切的紧张恐惧都被抛之脑后，士兵跃出战壕，不顾一切地投入到战斗中。

德国军队搬开路障，进入波兰境内

德军乘小艇渡河进入波兰

但如今自己却身居高位，曼施泰因觉得，已经高度紧张的，或者正在全力作战的基层军官显然不喜欢后方躺椅上的将军老爷们不断催促其汇报战况，这很可能会引起他们的恐慌。曼施泰因决定静待，没有消息并不意味着就是好消息，但也不一定就是坏消息。好在有惊无险，各部队的进展都还比较顺利。

南方集团军群中任务最重要的是第 10 集团军。它的任务是与第 8 集团军配合，在后者对侧翼的掩护下，迅速突破波兰边境军队的阻拦，以其装甲部队为主，直扑华沙至登布林一线，占领渡口，建立防线，迫使波兰军队在维瓦斯河以西的河曲地带进行决战。9 月 3 日，赖歇瑙中将的装甲部队已经强渡瓦尔塔河。

此时，虽然不能确定是否能迫使波兰军队在维瓦斯河以西与德军决战，但司令部得知，波兰正在德第 10 集团军前进方向的两翼山地地区集结大规模部队，意图不明。为了排除不确定因素，保证既定战略目标的实现，曼施泰因决定第 10 集团军先不着急直接进逼华沙，而是给了他们另外两个任务。

一方面以右翼集群的第 15 摩托化军和第 4 军对正在凯尔采和拉多姆地区集结的波兰军队实施合围，另由第 14 摩托化军绕前，切断两地区波军撤往华沙的道路。9 月 9 日，德军对波军的一个集团军实现合围，但令德军感到意外的事是包围圈内的波兰军队并不打算投降，他们顽强抵抗了三天，于 9 月 12 日被德军全歼，只有少数部队能退到维斯瓦河以东。而在那里，德军的第 14 集团军已经严阵以待了。

左翼集团军群的第 16 装甲军、第 14 摩托化军和第 11 军,第 14 军已经被要求配合右翼集群作战,第 11 军和第 16 军分别从内外线包抄罗兹附近的波兰军队,切断其向华沙的退路,配合从西面攻击的第 8 集团军实现对波兰军队的合围。此次会战称为布祖拉河会战,由集团军群司令部直接指挥完成。

在布祖拉河地区,南方集团军群遭遇到了进入波兰后的最艰难一战。

战争开始后的头几天内,一切似乎都在按照德军的设计在进行,他们并未遭遇到波兰军队的大规模阻击。9 月 9 日,德军攻入罗兹。但曼施泰因隐隐觉得第 8 集团军过多地将精力放在了攻击罗兹地区的波兰军队,而未对集团军群的北部侧翼安全给以足够重视。他多次提醒第 8 集团军的参谋长,要求他们加强对其北翼的侦查。

战线靠前的南方集团军群攻击路线较短,在以突破为主的北部集团军群无力对大规模的波兰集团军实施歼灭战的情况下,9 月 10 日,试图撤回华沙的波兰军队对第 8 集团军的阵地发起了猛烈的攻击。第 8 集团军不得不调整攻击重心,将其两个军的主力部队的攻击方向转而向北,构筑防线。多次反突击失利之后,兵力不足的第 8 集团军请求司令部派遣一个装甲军紧急支援。

为了避免可能出现的华沙城下的苦战,曼施泰因决定就地消灭集中在罗兹附近的波兰军队,而第 8 集团军将作为一个诱饵,负责牵制波兰军队,以等待全军的反击。

遭受波军攻击的第 8 集团军显然已经无法独自完成保护南方集团军群北部侧翼的任务了。在龙德施泰特和曼施泰因的陪同下,希特勒视察了第 8 集团军的部署情况。为保证曼施泰因作战计划的实现,希特勒要求由集团军群司令部直接指挥此次会战，加强诸集团军之间的协调。

于是集团军群司令部拒绝了第 8 集团军要求增派装甲军的请求，转而开始准备合围这股波军。随同第 8 集团军跟进、作为预备队的两个师，正从西面开来，可以对从北面对第 8 集团军实施攻击的波军西部侧翼构成威胁。另一个轻型师也将从快要结束的拉多姆会战中撤出来，参与上述行动。

集团军群司令部主要是想迫使波兰军队调转攻击方向，与第 8 集团军实施决战，断绝其突围到华沙的企图。为达成这个目标，集团军群司令部命令位于华沙南面的第 10 集团军的第 16 装甲军以及随后跟进的第 11 军，立即向西突击，从东面参加第 8 集团军的会战。到最后，北方集团军群的第 3 军渡过维瓦斯河，从北面攻击波军。为阻止波兰军队沿着维瓦斯河退向河北面的莫德林要塞，曼施泰因又从东南部的拉多姆地区紧急抽调第 15 摩托化军实施包抄。至此，德军实现了对罗兹附近波兰军队的完全合围。

饶是如此，波兰军队仍旧组织了顽强的抵抗，并企图突围。首先向南，随后向东南，最后仍试图向东突围。经过十天的苦战，9 月 18 日，德军终于粉碎了波军的抵抗。到 9 月 20 日，第 10 集团军共俘虏波军 8 万，缴获火炮 320 门、飞机 130 架、坦克 40 辆。第 8 集团军俘虏了 9 万波军，并缴获大量物资。此役，波兰损失的步兵师数量在 10 个以上，外加 3 个骑兵旅。这么重大的胜利是曼施泰因没有想到的。他说，此次会战虽然对整个战局不能起到决定性作用，但却是此次战争的巅峰之战。此后，波兰再也无力组织大规模的突击行动了。

曼施泰因算是故地重游了，他的思绪也飘回了更早的时代。"一战"时，曼施泰因所在的第 2 近卫预备役团，从上西里西亚向维斯瓦河推进，在华沙东南的登布林要塞地区遭到的俄国军队的凶猛攻击，损失惨重，不得不退回上西里西亚边界地区。在撤退到凯尔采的途中，曼施泰因所在的军在科托维尔遭受到两个高加索军的猛烈进攻，后撤途中的德军再遇精锐敌军，尽管构筑了坚固的攻势，一场恶战似乎不可避免。但很快，两个高加索军决定撤退，曼施泰因又参加了奉命追击的战斗营，曼施泰因与营长、旗手冲在最前面，误入敌人包围圈后，才发现中了俄国人诱敌深入之计。曼施泰因身中两枪，营长阵亡了，旗手也牺牲了，在战友的救护下，曼施泰因得留性命。25年之后，在曾经浴血奋战之地，曼施泰因取得了巨大胜利。

9月12日左右，集团军群的司令部前移到德波边境德方一侧的卢布利涅茨。之后进一步前移到波兰的凯尔采。这一路线，正是1914年曼施泰因的进军路线。到凯尔采后，司令部设在原波兰亲王的宫殿里，后来被作为波兰省长的办公地点，侵入者们占领了这里，宣示着自己的胜利。曼施泰因为自己的胜利，多少也为德国人重回波兰而高兴。司令部的餐厅还挂着未曾取下的波兰元帅罗兹·斯米格威的大型油画像。斯米格威继承了前波兰军事独裁者毕苏斯基元帅的衣钵，被奉为现代波兰的象征。画中的斯米格威手执银质元帅权杖，神色威严而庄重，眼睛傲视前方，正率领着波兰骑兵向敌人发起胜利的冲锋。但是面对杀回来的德国人，斯米格威没怎么抵抗就撇下了爱戴他的士兵们，独自逃亡，出发之前还不忘提醒军队记得要坚持作战。在曼施泰因的眼中，这样的统帅，不能称为英雄。

由于计划的变更，第10集团军已经很难完成进逼华沙的任务，只有1个装甲师曾突入到华沙西南郊，无力攻城的他们，彻底封锁了华沙与波兰西部地区的联络。

9月17日，苏联人也攻入波兰境内，他们事先已将维斯瓦河一线定为两国军队的分界线。希特勒开始要求曼施泰因等务必于9月30日之前占领华沙。对这种不顾军事形势的政治要求，曼施泰因很是不满，认为其有违军事常规。现在，曼施泰因不得不一面扫荡莫德林要塞南部森林地带的残余波军，以防其与华沙驻军会师，一面不得不部署对华沙的攻击。

最后的一战，德军不想再以武力攻取了，他们希望波兰人能知难而退，减少德军和他们自己的伤亡。但波兰人的回复是：我们的集团军会不惜一切地守卫华沙，直到战至最后一人。但德国人并不愿同波兰人继续短兵相接地打下去。

出于减少伤亡的目的，曼施泰因认为巷战是极不可取的。德军的计划是，由奉命执行攻城任务的第8集团军围绕华沙设置防线，对其实施包围。开战之初，希特勒就曾计划对华沙实施大规模轰炸，以迫使波兰政府尽快投降。但这一建议被军方否决，在他们看来，波兰的重要军事设施已经被基本摧毁，继续空袭华沙无补于整个作战行动。现在，他们认为空袭和炮击的时刻来临了，华沙必将因缺粮、缺水而不攻自破。

9月25日，德国军队开始对华沙外围、军事支撑点和重要补给设施进行炮击，并实施局部进攻，直至完全封锁华沙全城。在大规模轰炸之前，德国人再一次进行了劝降，波兰人置之不理。9月26日，空袭开始。

两天以后，波兰军队宣布投降。波军总司令和德军第8集团军司令布拉斯科维茨大将在投降书上签字。

南翼的第14集团军进展也算顺利，经过突破喀尔巴阡山口的波兰西林集团军防线的艰苦作战后，一路向东，在加里西亚追击残敌，占领波兰南方的工业基地，渡过桑河。9月12日，到达波兰东南部的利沃夫，之后停止东进，转而向北寻求与第3集团军呼应。

9月18日，波兰政府和统帅部逃入罗马尼亚，到9月28日，德军攻克华沙，直到10月5日，波军残部投降，波兰军队停止抵抗。

德国的攻击行动发动之后，英法两国反应迟钝，并未给德国人制造太多的麻烦。以法国为例，法国必须等预备役人员完成集结，等到新编的军队完成作战准备之后才能发动进攻，以及它奉行的古老的战术思想，相对低效的机动能力，都大大地拖延了法国军队对德进攻的时间表。

直到9月17日，法国军队终于发起了攻势。但德国人显然早有准备，他们很好地利用了比利时和卢森堡两国中立国的身份，法国人只能在500余英里长的北国国境线上的90英里宽的狭窄正面上对德国发动攻击，这大大减轻了德军的防守压力。德军又在自身西部防线——齐格菲防线之前的广大纵深上大部雷阵，使得法军难以快速推进。为了对付德军坚固的预设阵地，法军也不得不静待自己的重炮被慢慢地拉到前线并部署完毕。法国人只能打打停停，直到波兰投降前，他们只在德军西部防线上打开了一个小缺口而已。

经过激烈的争吵，德国与苏联就瓜分波兰的分界线问题达成协议。这条分界线从乌佐克山口到普热梅希尔，然后沿着桑河和维斯瓦河，直到华沙北部。但两国在波兰南部地区的划分上仍然存在争议，14集团军仍不得不与顽强波兰的波兰残部艰苦战斗。10月1日，两国达成妥协，对分界线做出调整，维斯瓦河以东的卢布林省划归德国。10月5日，波军残部向14集团军投降。

波兰战事终于结束了！

在整个波兰战争期间，南方集团军群共俘虏波军 52.3136 万人，缴获火炮 1401 门、机枪 7600 挺、飞机 274 架、作战车辆 96 辆，以及大量其他的作战物资。

自身战损方面：

军官：死亡 505 人，受伤 759 人，失踪 42 人。

士兵：死亡 6049 人，伤 1.9719 万人，失踪 4022 人。

双方的损失是极不成比例的。

曼施泰因却难以高兴起来，许多敬爱的师友在这次战斗中牺牲了。其中包括：

原陆军总司令弗里奇男爵大将。1938 年的事件之后，弗里奇被贬到一个曾服役过的炮兵团任参谋长。弗里奇率团参加了对华沙的炮击行动。9 月 22 日，弗里奇在华沙普拉加附近被流弹击中大腿动脉，不治身亡。深受纳粹迫害的他，敢怒敢言却不敢以军队对抗自己的祖国，抑郁不得志的他得到了解脱。希特勒待之以国葬。他是较早牺牲的德军高级将领之一。

冯·迪特富尔特上校团长。他是与曼施泰因一同长大的知交好友，曾做过德意志皇太子的老师，现在却牺牲在冲锋的路上。

曼施泰因的妻兄，骑兵上尉康拉德·冯·勒施因脊柱伤势过重，也在 1940 年去世。

德军在波兰的胜利，不是总参谋部的胜利，而是希特勒的胜利。

希特勒对攻占波兰的胜利极为满意。10 月 5 日——德军占领华沙的当天，希特勒即在原波兰王宫前举行了阅兵仪式，检阅了所有参与华沙攻城作战的德国军队。一个月灭亡一个国家，即使已经深感疲劳的普通士兵们也自豪不已，他们昂首从元首面前经过，仿佛已经感觉到了自己是历史的创造者。

而军官们却不这样想，因为他们遭到了怠慢。满心希望能被希特勒表扬几句的陆军将领们早早地等在了机场，准备为希特勒送行。但刚进餐厅的希特勒，刚看到白色台布的桌子和桌上的菊花，立即转身出门，和门外的几个士兵聊了几句后径自离开了。

　　曼施泰因很是气愤，希特勒不愿意将荣誉与指挥官们分享，而他也不认为波兰战场的胜利应归功于希特勒。此时，曼施泰因又想起了西克特——总参谋部的老领导，德国10万国防军的缔造者，德国军队和军事思想的传承者。在他看来，德军在波兰的胜利，不是希特勒的能耐，而是德国军队复活了传统，是高机动力的装甲机械，而不是希特勒个人的胜利，即使胜利与人有关系，那也是与陆军的广大指战员们分不开的。希特勒之所以能取得胜利，不过是被英法进军的迟缓与波兰的战略失误的客观原因而造成的。

1939 年 9 月，希特勒数次前往波兰前线。图为希特勒接受海因茨·古德里安将军的敬礼

又一次，曼施泰因忘却了政治，忘却了导致 14 集团军在波兰南方来回奔波的谈判桌上的较量，他言道："部队进行的是一场以骑士风度实施的纯粹的军事斗争。"

南方集团军群的将官们有更多的理由表示不满。10 月 3 日，南方集团军群改为东方集团军群，仍由龙德施泰特任司令，与新成立的处理地方行政事务的帝国省党部共同行使占领权。波兰的大部分作战任务都是由南方集团军群完成的，现在却被闲置在东线，而干活不多的北方集团军群则有机会挑战新的敌人。

龙德施泰特和曼施泰因都认为，将他们的司令部作为占领军的办事机构留在波兰，是对他们的歧视。经过反复劝说和陈明利弊，总参谋部首席军需长冯·施蒂尔普纳格尔将军也同意他们的观点，仅靠一个北方集团军群是难以完成德军在西线的反攻任务的。

10 月 21 日，曼施泰因到位于措森的陆军总司令部接受了前往西线的进军命令。

在波兰执行占领任务的时间虽不算长，却给曼施泰因留下了深刻的印象。占领波兰后，希特勒任命汉斯·弗兰克为驻波兰占领区总督，全权处理波兰地区的行政事务，副总督阿图尔·赛斯－英夸特也是希特勒的心腹。

汉斯·弗兰克，1900 年出生。1923 年加入国家社会党。1934 年至 1945 年担任帝国不管部部长，在司法部、科技行政部门和党内担任各种职务。就任波兰占领区总督后，推行经济压榨政策，大肆奴役、迫害波兰人，积极推行对犹太人的"最后解决"。1946 年 10 月 16 日，弗兰克在纽伦堡被处决。

龙德施泰特和曼施泰因等人显然没有与纳粹党部人员共事的经历，尤其是还有党卫队在那里晃来晃去。在进攻华沙之前，集团军群的司令部已经移到华沙西郊的波兰宫殿——一座优美的洛洛可式小型建筑。几天后，龙德施泰特在此设宴，邀请弗兰克前来商谈占领区的行政管理事务。约定的时间过了一个多小时之后，镶金带银的弗兰克才前呼后拥地姗姗而来。酒足饭饱后，弗兰克提出要与大将合影，他摆了一个很漂亮的姿势。拍完照后，弗兰克一看表，就对龙德施泰特说道："大将先生，我的时间到了，我得马上去柏林面见元首了，再见！"整个过程中，弗兰克对波兰事务只字未提。

　　显然弗兰克并不愿意与这位陆军元老纠缠不清，他对集团军群司令部的新驻地罗兹的事务不管不顾，任其混乱无组织。迫于无奈，曼施泰因遣人将弗兰克请到了罗兹，但商谈尚无结果之前，弗兰克又得去见元首了。

　　曼施泰因也不愿理这位即将上任的总督了，10 月 18 日，曼施泰因离开罗兹回国，绕路回家看望了妻儿，以及仍然重伤在床的妻兄。

相关链接：

闪击战

　　闪击战，也称"闪电战"，是由古德里安创建的战争模式(英译 Blitzkrieg 或 lightning war)，德军在第二次世界大战期间首先使用，其基本的思路是由装甲兵主导突击，战术空军进行密切协同。闪击战要求对首先敌对方战役战术目标、指挥中枢、交通枢纽等设施按重要性进行先后空袭，力求迅速取得制空权、瘫痪敌方的地方指挥体系；之后，以由坦克部队、炮兵、装甲及摩托化步兵等多兵种组成密集的装甲突击群，在空军航空队的协同下迅速洞穿敌军防线，通过对敌纵深目标的快速穿插机动，达到对敌进行分割包围、进行歼灭作战的目的。

在空地协同之下，波兰、法国，甚至之后的苏联都成为德军闪击战的表演场，为德军带来无数的胜利。后来，苏军试图模仿德军坦克突击的战术，但由于空军一直未能完全掌握制空权，难以完全发挥闪击战的精髓，突入德军防线纵深的苏军坦克部队往往被少数的德军部队一一消灭。

/ 曼施泰因计划 /

1939 年冬季至 1940 年 4 月之间的时间段内，西线战场上，对峙的双方几乎未发一枪，德国民众把这种奇怪的战争称作"静坐战"，而在更远的西方，人们将之称为"假的战争"。利用这段时间，曼施泰因忙于制定集团军群的作战计划，并一直试图得到上峰的批准。他有较为充足的时间来完成这一切，尽管遇到不少阻力。战争双方都在为下一阶段的争夺做着准备工作。

但普通民众却很难得知高层的具体运作，所以对英法两国的这种宣而不战的姿态，各国的市井朝堂颇多议论和谣传。如有人认为，英法两国虽然已经宣战，但波兰战事却出人意料地迅速结束，英法只能等候和谈的机会了。而美国人则并不这样认为，他们觉得，英法肯定在谋划大的行动，示敌以弱，只待时机成熟，定会让德国人栽个大跟头。

但显然，同盟国的最高统帅部却并不这样认为，在整个秋冬两季的漫长时间里，他们一直试图直接对德国，或德国的侧翼发动攻势。例如，取道挪威、瑞典、芬兰进攻德国的侧后方；取道中立国比利时袭取德国的鲁尔工业区；从希腊和巴尔干地区登陆；从德国防守薄弱的东南面攻入德国。有人甚至提出，同盟国军队应该进攻苏联在高加索的大油田，以切断苏联对德国的石油供应。

可以看到，这些计划并未表明英法试图对德国展开直接攻击，他们多还是采取一种外围的遏制战略。有意思的是，在德国发动攻势前，英法却是真的在准备进攻苏联以阻止希特勒进一步的资源获取。在这些不切实际的进攻计划意见纷呈的局面中，同盟国军队做着攻灭德国的迷梦，直到德国人攻到阵地前沿时，他们才采取了实际行动。

1939 年 9 月，行进中的法国步兵

主导权似乎握在希特勒手上。从一开始，希特勒的和平呼吁就是烟幕弹。希特勒已经看到了装甲坦克与空军协同作战模式的相对先进性，经过波兰战争的检验，这种战术具有极大的可推广性。为了将这种战术的效力发挥到最大，他认为，应在英法找到应对之策、开发出针对性战术之前，一举击溃法国，从而迫使英国屈服。基于这一考虑，他甚至想让德军鼓足灭亡波兰的余勇，立即突击，毕其功于一役。

对此，德国陆军总司令是有不同意见的——英法两国几乎未曾意识到德国高层内部的分裂，也无意于在此条秘密战线上发起斗争——其中尤以陆军总司令布劳希奇和参谋总长哈尔德的反对最为强烈。在他们看来，仅法国就有不下于 65 个步兵师，而且法国人也已开始了步兵师的装甲化，加之法国人还有坚固的马奇诺防线。相对而言，德国所能勉强动员的陆军为 98 个师，其中还有 36 个师是缺乏装备和训练的。两相对比，两人都不敢苟同希特勒对敌主动进攻的策略，他们也在担心，一旦开战，德国人很可能再次遭遇"一战"时的惨败。

怎样阻止希特勒呢？他们想起了一年前流产的军事政变了。前文曾讲到贝克因为无法得到布劳希奇的支持而被迫辞职后，他的继任者就是哈尔德。

1938 年流产的政变是由哈尔德发起的。贝克的去职给国防军内部的保守派军官们提了醒，现在他们认为：必须推翻希特勒及其纳粹党的统治。接替贝克担任总参谋长的哈尔德是一个坚决的反战派，虽然他也感谢希特勒重整了德国军队。1884 年，哈尔德出生于巴伐利亚的军人世家，曾参加过"一战"。1936 年，哈尔德调任陆军总参谋部第二处处长；1938

年 2 月接替曼施泰因任第一军需长；9 月，在贝克的劝说下，升任陆军总参谋长。

哈尔德上台伊始就已决定，如果希特勒主动挑起战争，只要得到大部分前线主官的支持，他就将发动军事政变，推翻希特勒及其纳粹党的统治。他的主张得到负责柏林防务的第 7 军区司令维茨莱本的支持，在他们之外，则是离职的贝克和政治活动家卡尔·戈台勒。

为阻止希特勒瓜分捷克斯洛伐克，哈尔德等人计划在希特勒下达攻击命令前的最后一刻发动政变，逮捕希特勒，交由法庭审判。他们甚至安排了部队在柏林之外埋伏，防止党卫军援救希特勒。为了保证计划的顺利实施，贝克还派人到英国与张伯伦接触，希望英国政府和英军总参谋部能采取强硬姿态，以配合政变行动，没想到张伯伦竟不为所动。随着苏台德危机的和平解决，反对派不得不放弃政变计划。

曼施泰因意识到，对哈尔德来说，1939 年底的形势已经不如前一年了。英法的压力仍然没有值得期待的，维茨莱本此时也身在前线，哈尔德的总参谋部也已经搬到了柏林以外的措森，政变无法得到卫戍部队的支持。政变计划只能再一次胎死腹中。

10 月 21 日，南方集团军群更名为 A 集团军群之后，曼施泰因到措森去听取作为西线攻势计划的"黄色进军指令"的具体内容。在此期间，曼施泰因和哈尔德、首席军需长冯·施蒂尔普纳格尔、作训处长冯·格雷芬贝格三人都有接触，三人都显得极其无奈和沮丧，反对战争的他们，在希特勒的压力下不得不一次又一次地制定攻击计划，"黄色进军指令"显然也是这样出台的。

在曼施泰因看来，陆军总司令部和总参谋部的权力下降，并不是从希特勒免除冯·布劳希奇的职务，自己独揽国防军和陆军指挥权之后才开始的，这种情况，早在波兰战争开始之后就出现了。此前的希特勒可能是想将反对自己的人都从陆军总司令或参谋总长的位子上撤下去，但现在他发现减弱这两个职位的权力是更为重要和基本的。

希特勒攻击波兰的命令，确实引起了英、法两国的强烈反弹，德国再次遭遇到严重的战争威胁，这是之前陆军部门一直极力避免的，但他们现在已经没有时间和机会再去讨论推翻希特勒领导的问题了，历史传统和现实形势都不允许他们这样做。

此时的希特勒正在享受独裁权力带来的乐趣。1939 年 9 月 27 日，在未曾事先征求陆军总司令部的意见的情况下，他向三军总司令宣布了他在西线发动攻击作战的决心。他还试图破坏荷兰、比利时和卢森堡三国的中立国地位，并在 10 月 9 日将这一设想写入国防军统帅部的一份命令中。

借助国防军最高统帅部和国防军总参谋部两个机构，希特勒从陆军总司令部和陆军总参谋部手中攫取了陆军的指挥权，不仅可以决定陆军进行何种战争，也可确定进行的时间和方式。到这个时候，曼施泰因已经能看出来，陆军衙门的首脑们准备听之任之了，陆军衙门已经从一个国家元首的军事顾问机构变成了一个仅以服从命令为义务的执行机关。贝克和曼施泰因时代试图保证陆军衙门在战争中的决策权的努力基本被放弃了。

对这样的局面，曼施泰因是极不满意的。陆军总司令部在 9—10 月份之间的无所作为与错误选择，是其地位下降的重要原因。在他看来，波兰战局结束以后，德苏合力分解波兰的局面形成，在这种情形下，已经不存在以和平方式解决波兰问题的可能渠道了。希特勒，包括陆军总司令部，应该做的是以攻势行动先发制人，虽然事实上德国在 1939 年并无能力在西部取得战争胜利，但曼施泰因明确反对以此作为采取防守战略，以静待英法先行进攻，德国后发制人的借口。

同盟国在此一时期并不具备对德攻击的能力，如前面已经部分提到的，时任盟军最高司令的甘莫林将军的战争计划是：

1941 年春季前，同盟国军队的物质力量尚不能达到在西线对德国发动攻势的水平。地面部队在数量上的优势，取决于争取更多的同盟国。

英国尚未做好在 1941 年前参加大规模攻势的准备，当然如果德国内部发生政变或者某种有利于同盟国的变革，当是另一回事。

1940 年盟军的主要任务是，确保法国领土的完整；但在比利时和荷兰遭到德国攻击时，自然要及早支援这些国家。

此外，必须努力开辟其他消耗德国的战场，即北欧诸国和巴尔干，并努力争取比利时和荷兰加入同盟国行列。

最后，不仅要通过开辟新战场，还要对中立国施压，使其对德国实施全面封锁，以切断德国生活必需品的进口渠道。

很明显，同盟国无意在短期内发动进攻，他们打算尽量在其他战场进行若干消耗战，直到其在西线的力量能够对德形成优势，而这可能要等到 1941 年以后。

曼施泰因认为，即使陆军总司令部和总参谋部的大佬们不知道同盟国军队的作战计划，但他们至少应该有两套方案，以应对局势的变化。不论进攻计划还是防守计划，都只能出于总参谋部手中，而不能拱手将制定作战计划的权力让与希特勒。

除此之外，陆军总司令部将决定战争具体发动时间和作战方式也拱手让与了希特勒。但希特勒甚至已经决定了德军下一步的进军路线：取道比利时和荷兰以绕过马奇诺防线。在曼施泰因看来，希特勒发挥装甲部队最大效用的考虑确有见地，但他毕竟不是参谋官出身，其计划存在很多不切实际之处。

早在 9 月 27 日波兰战局基本上稳操胜券的时候，希特勒就决定于 10 月 15 日在西线发起攻击，这就要求德军在布祖拉河会战结束之后，就需要立即转到西线作战。在这么短的时间里，从东线脱离出来的德军将完全得不到休整和补充。现役师之外的其他部队训练不足，难以和现役师协同作战，这些都是希特勒没注意到的。但是，陆军总司令部也未就这些问题向希特勒提出疑难。

10 月 9 日，希特勒首次提出了进军西欧的计划，这一计划后来为陆军总司令部 10 月 19 日和 29 日的进军计划完全吸收，被称作"黄色行动"，亦即"黄色进军指令"。

应希特勒的要求，陆军总司令部要求各部队必须在 11 月 5 日前完成所有准备工作，并开始进入集结地域，攻击日期则定在 11 月 12 日。

进入冬季后，西欧沿海潮湿多雨，很不利于德军装甲部队的行动。事实上，因天气的原因，到 1940 年 1 月，希特勒的计划已被推迟 15 次。另外，希特勒计划的目标针对的是英国，希望通过占领英吉利海峡和北海沿岸的广阔区域，作为进攻英国的前进基地，这纯粹是对施里芬计划的简单模仿。

令曼施泰因无法理解的是，陆军总司令部和总参谋部竟然同意了这样一个不合时宜的，甚至可能将使德国在西线不得不面对英法联军同时攻击的计划。而他们本应该向希特勒提出一个足以一战而解决西欧大陆问题的建议，使德国能得到全面胜利的方案。所以，在 A 集团军群司令部的支持下，曼施泰因提出了自己的计划。

这一次，曼施泰因自己充当了削弱总参谋部作用的推手，尽管他的出发点可能是想将战略计划的谋划权保留在军方参谋部门手中。这可能也是他的作战计划得不到陆军总司令部批准的一大原因。按照他的计划，希特勒在西欧取得了巨大的胜利，陆军参谋总部似乎变得可有可无了。

曼施泰因足以自豪，在他的回忆录里，他花了巨大的篇幅介绍自己所拟定的新计划及其辉煌的效果，虽然他自己因此被再次调离参谋部门。

英国战史专家李德·哈特最早报道了这个新的计划，根据龙德施泰特元帅和集团军群参谋部作训处长布鲁门特里特将军的报告，哈特将之命名为"曼施泰因计划"。

陆军总司令部于 10 月 19 日提出的进军指令的具体内容是：

西线德军以右翼为重点，主力是由冯·博克大将指挥的 B 集团军群，下辖 3 个集团军和 1 个集团军支队（N 集团军支队），同时投入强大的机动突击部队，包括 9 个装甲师和 4 个摩托化步兵师。如此，北翼德军共计 30 个步兵师和 13 个装甲机动师。在下莱茵和北艾菲尔地区展开。由 N 集团军支队攻击荷兰军队，力图占领阿姆斯特丹和鹿特丹，其他三个集团军则从今列日地区的南北两侧，经比利时北部向前推进，占领布鲁日和法国里尔地区（靠近后来的敦刻尔克地区）。主要战术是以强大的装甲部队，一举击溃在比利时的英、法军队。

负责担任主攻任务的 B 集团军群南翼防守掩护任务的是处在中央的曼施泰因所属的 A 集团军群，由第 12、16 两个集团军组成，共计 22 个步兵师。A 集团军群在艾菲尔南部和洪斯吕克地区展开。

第 12 集团军在 B 集团军群左翼成梯次配置，他将随 B 集团军群一起推进，以保护 B 集团军进攻中的侧翼安全。

第 16 集团军的任务是，在快速通过卢森堡后，向南进军，在萨尔河和色当东部的马斯河之间，紧贴着马其诺防线的北部边沿构筑防御阵地，以保障整个作战行动的纵深侧翼安全，抵挡法国可能来自马奇诺防线的援军。

负责左翼的是由冯·勒布大将指挥的 C 集团军，下辖两个集团军，负责掩护卢森堡和瑞士之间宽大的南翼战线，并不参与攻击作战。

10 月 29 日，陆军总司令部对前次指令作了微调，各部作战任务均有少许增加。

总体看来，陆军总司令部的作战意图是：利用右翼强大的突击力量，击溃在比利时的法、英联军，夺取沿海港口并就地防守，相对较弱的左翼集群则担负对突击部队的掩护任务。此外，他们并未安排下一步的行动计划。

10 月 24 日，接到陆军总司令部进军西线的命令后，曼施泰因和他所属的 A 集团军群司令部高高兴兴地到达了司令部所在地科布伦茨，司令部总部设在该市德意志之角附近。军官住所则在莱茵河畔的大侯爵饭店。曼施泰因还是军官候补生的时候，曾在附近的恩格尔斯小镇的军事学校学习过一段时间，对附近地区都比较熟悉。多年后，冒着战火再回故地，当别有一种滋味。

曼施泰因所属的A集团军下辖12、16两个集团军，部署在比利时南部和卢森堡边界之前，后续部队一直延伸到莱茵河以东。

曼施泰因在A集团军群参谋部的工作得到其好友君特·布鲁门特里特上校和老部下冯·特雷斯科夫中校的密切协助。前者也是曼施泰因的老同事，参与制定过入侵波兰的"白色方案"，一直是闪击战理念的热情拥护者，此时担任第14集团军参谋长；后者则是曼施泰因在总参谋部第一处的老部下，应曼施泰因的要求，特雷斯科夫被调进A集团军群司令部作训处任职。

曼施泰因认为，"黄色进军指令"不能简单重复施里芬计划，把一个全局性的解决方案弱化成一个仅能解决局部问题的初步设计。

施里芬计划是由德国陆军元帅阿尔弗雷德·冯·施里芬制定的对法作战计划，该计划最早雏形于1890年代出台。1893年，为应对德、奥、意三国的军事威胁，俄法缔结秘密的政治、军事同盟。基于可能出现的双线作战局面，1891年升任总参谋长的施里芬开始考虑德国在避免东西两线作战情况下的取胜之道，经过权衡，施里芬认为德国的主要敌人是来自西方的法国。与消极防御派不同的是，施里芬的核心观念是，德国身处欧洲中心的地理位置正是德国隔绝俄法军事联系，实现各个击破的重大战略优势，德国军队的任务就是必须将这种优势发挥出来并实现最大化。他的计划是：德军的战略中心应放在西线，用以对付法国，德军以绝大部分兵力——26个步兵军、14个预备师和11个骑兵师，力争在4至6周内击败法国，并预防英国的登陆作战，主力部队则通过铁路的机动快速调往东线，击败俄国。

在西线的具体兵力部署上，施里芬计划将战线分为左、右两翼，二者的兵力部署为 1:7。他在左翼仅部署 3.5 个步兵军、3 个骑兵师和 1.5 个预备师，以在德、法和瑞士边境地区牵制法军，掩护强大的右翼兵团的进攻。右翼则以其余兵力，通过中立国荷兰、比利时和卢森堡，从北部突入法国，以逆时针方向包抄德法边境地区的法军，对其实施歼灭。

施里芬计划借道中立国的进军计划当然是想人所不敢想，但该计划的关键还在于迅速的歼灭战的完成。故此，施里芬一直不忘加强作为突击力量的右翼集团的实力，保证德军在歼灭战的同时有威胁巴黎的可能。直到临终前，施里芬还念念不忘地要求"加强我的右翼"，以至于成了军事史上的一大笑谈。再次面对英法，希特勒却并不认为施里芬计划过时了。

但在曼施泰因看来，1939 年的形势已经变化了。同时，陆军总司令部制定的计划，将因为同施里芬计划一样，把攻击重心放在右翼，而为英法参谋部门所洞悉。

一方面是，1939 年的北翼战线已经不存在让德国实施突然袭击的条件了，德国任何的大规模军事部署将无法再躲过英法军队的侦查。

另一方面，与"一战"时期不同的是，1939 年的英法军队将主力部署在德军的右翼前方，将采取正面对抗的方式。英法军队可能会采取后发制人的策略，对德军右翼的进军实行顽强的阻击，迟滞或打破德军的迂回。而薄弱的由 A 集团军镇守的左翼能否阻止法国军队的攻击，也是一个未知数。

与施里芬计划相比，1939 年计划的最大问题还在于其仅是简单地模仿施里芬大迂回的进军策略，并不试图将法军围歼，这就丢失了施里芬计划的核心部分，德军有可能因此陷入西欧战场而无法自拔。曼施泰因是老毛奇和施里芬作战思想的典型代表，这样的失误是他所不能容忍的。

为此，曼施泰因多次向陆军总司令部提交报告，陈述自己的作战计划：

1.德国西方战线的目标应是寻求与英法在陆地上进行决战。德国需要以尽可能小的代价解决英法联军，而不是与英法军队硬拼，这将极大消耗德军的有生力量，不利于德国的生存。

2.进攻的重心应该改为 A 集团军群，而非 B 集团军群。按陆军总司令部的计划，担任突击任务的 B 集团军群可能遭遇敌人有准备的防御，不仅难以突破位于比利时地区的英法等国军队的防线，最终也将被阻止在索姆河一线地区—— 一如 1914 年所发生的情况一样。

可期望的胜利是，以 A 集团军群为主要突击力量，以大量装甲部队从英法意想不到的阿登山区出击，快速通过比利时南部，快速移动到索姆河以北地区，切断比利时地区同盟国军队的退路，从而为歼灭战打下基础。（曼施泰因的计划中似乎也未就歼灭战提出可行性计划。）

3.为了防止英法军队统帅在决战之前果断撤出比利时等国，退守索姆河地区，A 集团军群在向北包抄的同时，必须以一个集团军的兵力，从法国北部地区向南攻击，阻止法国军队任何可能的建立防线的企图。如此，马其诺防线的法国军队将被德国人半包围，待比利时战场的战事结束，德国人就处于较有利的局面了。

4.A 集团军群的具体作战安排是：在不削弱右翼力量的情形下，德国需再为中央的 A 集团军群配备 1 个集团军，放在原有的 12、16 两个集团军的后方，待进攻顺利开展后再行投入。其中，由第 12 集团军经比利时南部，渡过马斯河，之后继续向索姆河下游突击，从背后攻击法国北部和比利时地区的同盟国军队。第 2 集团军在穿过比利时南部后，向西南方向推进，任务是粉碎敌军集中兵力旨在马斯河西部地区攻击德军南翼的任何计划。第 16 集团军则在色当以东的马奇诺防线西北段的前面组织防御，以保护整个作战行动的纵深侧翼。

为保证曼施泰因的计划顺利实现，德军需为 A 集团军群配备另外一个新的集团军和大量的强大装甲部队，以保证德军的突击力量。为此，曼施泰因不断向上申请，A 集团军群和曼施泰因先后七次提交备忘录和作战建议书。

1939 年 10 月 31 日，A 集团军群司令部向陆军总司令部提交了一份攻击计划建议，在其中，曼施泰因初步阐述了自己的主张，这些主张都得到了龙德施泰特的同意。

11 月 3 日，陆军总司令和总参谋长到 A 集团军群视察。经龙德施泰特的允许，曼施泰因得有机会向陆军最高领导们阐述自己的作战计划，他再次详细介绍了经过自己修改的计划。但陆军总司令布劳希奇显然不是专程来听曼施泰因的报告的，他本是希望在避免战争的主张上得到部下的支持，因此，他拒绝了曼施泰因提出的给 A 集团军群增加一个集团军的提议，他说："等我有多余兵力的时候再说吧！"但碍于龙德施泰特的情面，布劳希奇最终答应给 A 集团军群增派一个装甲师和两个摩托化团。但这离曼施泰因希望的，差距不啻天渊。

龙德施泰特是主张由德国掌握战争主动权的，但是他不曾想到，布劳希奇等人的避战思想竟在新组建的师团中也极有市场。为此，在布劳希奇走后，龙德施泰特召集了几个集团军的将领开会。龙德施泰特向将领们通报了曼施泰因的计划，他强调，即使因为天气的原因，德国军队不得不等到 1940 年春季才能在西线发动攻势，胜利仍然将属于德国陆军。

11 月 6 日，利用陆军总司令部要求各部对现有攻击计划提意见的机会，曼施泰因再次提交了自己的建议，但仍然没有得到回应。

但 11 月 12 日，曼施泰因得到了一个较好的消息。希特勒决定在 A 集团军群防区内部署第 3 个快速部队集群，该装甲集群由古德里安的第 19 装甲军、第 2 和第 10 装甲师、1 个摩托化师、1 个近卫军装甲师和"大德意志"步兵团编组而成，任务是利用色当以东的无森林地带，快速威胁色当及其以东地区。

这一军事变动虽然并不意味着希特勒接受了曼施泰因的计划。但这一快速集群的设立，必然有利于加强中央集群的突击能力。最令曼施泰因高兴的是，他的计划得到了"闪电战之父"古德里安的全力支持。

古德里安，全名海因茨·威廉·古德里安，1888 年出生于东普鲁士，1901 年进入柏林陆军军官学校。从"一战"开始，长期在骑兵部队、摩托化部队任职，是最早注意到装甲部队机动能力重要性的德军将领。1934 年，古德里安被希特勒任命为装甲兵总监。之后的几年，古德里安逐渐形成了"闪电战"的军事思想。在他的领导下，德军的坦克制造工业和装甲部队都得到极大发展，被誉为"德军装甲兵之父"。1944 年，被任命为陆军总参谋长。

古德里安将军

按照古德里安的初衷，德军的装甲部队必须高度集中于某一地点集中使用，而不是像现在这样分散开来。在听取了曼施泰因的计划后，看到从阿登山区到索姆河口这个口子形成之后，古德里安转而全力支持曼施泰因的主张，在古德里安的参与下，曼施泰因的计划得以更加完善。

11月21日，陆军总司令和总参谋长再次来到A集团军群军部，征求A、B两集团军群对总司令部进军指令的意见。但这次，布劳希奇并没有给A集团军群发表意见的机会，为表示对此不公平待遇的抗议，并强调自己的一贯主张，曼施泰因再次向陆军总司令部提交了一份备忘录。

此一时期，希特勒忽然担心起B集团军群的作战效果来。与曼施泰因一样的是，希特勒也在考虑如果B集团军群遭遇到同盟国军队的顽强抵抗，而无法按期收到预期战果之时，德军的战略是否应该做些调整。

调整当然是必须的，为此，希特勒于 11 月下旬，下令将驻扎在莱茵河东岸的第 14 摩托化军部署到 A 集团军群的后面，以备在 B 集团军群作战不利的情况下，它可作为总预备队的一部分迅速跟进古德里安的第 19 装甲军，提供支援。但这并不意味着希特勒废止了当前的行动计划，以上部署仅仅是在战事开始之后 B 集团军群进展不力的情况下采取的备用措施而已。

曼施泰因对这样的变动仍不满意，在他看来，希特勒这样的计划，不仅无法实现对比利时北部同盟国军队的围歼，还将放任法国军队从南方对德军南翼实施大规模的反突击，到那时，德军在南北两线可能都将陷入苦战。曼施泰因又一次引用了毛奇的名言：“在最初展开阶段所犯的错误，以后将无法弥补。”

11 月 30 日，曼施泰因再次向哈尔德提交了一份作战计划。哈尔德首次对他做了答复。哈尔德仍是委婉地拒绝曼施泰因的计划，他表示，虽然曼施泰因的计划与陆军总司令部的最终计划基本一致，但跨出调整战略重心的关键一步，还得在战争开始后才能完成，并需要在得到希特勒的命令之后才会成为可能。在哈尔德看来，曼施泰因多少有些越权，而陆军总司令部对曼施泰因的计划本身也是爱莫能助的。

12 月 6 日，曼施泰因又以私人名义再次寄给哈尔德一封长信，完整陈述了已做了修改的进攻计划。在这一计划中，曼施泰因甚至吸纳了希特勒提出的在战争过程中调整兵力部署的观点。在他看来，至少从集团军群组成上，A 集团军群必须由现有的 34 个师扩编到 40 个师，增加第 18 集团军的装甲部队数量；此外，还需将第 19 装甲军和第 14 摩托化军划归 A 集团军群指挥，仍是放在步兵师后方，战时迅速前插，以起到突袭效果。同时，需要另外准备 6 个师作为预备队。

12 月 15 日，在曼施泰因的电话催迫下，哈尔德明确表达了对新计划的态度，他仍然表示，虽然陆军总司令部基本同意曼施泰因的计划，但一切都还有待元首的决定。曼施泰因显然认为，这是陆军总司令部的敷衍之词。

曼施泰因已经一退再退了，他已经不再寄希望于自己的计划能得到陆军总司令部的全盘采纳，不再试图完全推翻原有进军计划，只是盼望着在现有框架内能尽量增加 A 集团军群的力量，保证实现突破阿登进军索姆河下游和以攻势阻止马斯河以西敌军的反突击两大目标就足够了。

与考虑政治的人们不一样，曼施泰因并不赞成被动应对形势变化，将主动权牢牢把握在自己手中才是战争的制胜关键。为此，德军必须在战争一开始，就将自己的王牌装甲部队投入一线，争取一击制胜。

尽管陆军总司令部一再声称自己与 A 集团军群司令部的观点一致，计划未能通过，关键是希特勒不赞同。但龙德施泰特和曼施泰因并不相信这帮老爷们的说辞，他们怀疑，陆军总司令部根本没有将曼施泰因的计划呈交希特勒——曼施泰因于 12 月 18 日送交的另一份"进军指令草案"就遭此待遇。

A 集团军群司令部多少有些光火了。不论是否因希特勒的不赞同而阻碍了新计划的被采纳，他们都认为必须再次进言。既然障碍可能是希特勒，那么就直面他好了。1940 年 1 月 12 日，龙德施泰特向陆军总司令部递交了一份名为《西线攻势》的备忘录。在备忘录的结尾，龙德施泰特特意附上了这样的一段话：

从国防军最高统帅部的命令中获悉，元首和最高统帅握有在作战进程中确定重点的全力和最高领导权。即是说，陆军总司令部无权随意定下作战决心。因此，我请求将这份建议直接面呈元首。

这种试图越级报告的姿态彻底激怒了陆军总司令部，不久之后，曼施泰因就亲自尝到了苦果。

陆军总司令部的态度让曼施泰因有些不解，在他看来，A集团军司令部提出的这一计划正好为布劳希奇提供了一个极好的机会。他可以利用这一计划，让希特勒重视陆军部门的意见，使陆军总司令部获得陆上作战的指挥权。但布劳希奇显然志不在此，他对此份备忘录的答复也仅仅重复了之前的观点。希特勒成功地削弱了陆军总司令部的职权，而后者似乎全无斗志，这令曼施泰因备感痛心与无助。

在曼施泰因举步维艰的时候，一个意外的事件让他看到了希望。德军第7空降师的一个作战科长将自己的飞机降落到了比利时境内，使得同盟国方面获悉了德军部分作战计划，希特勒的整个计划有被敌方窥破的可能。

虽然这个小插曲并没有促使陆军总司令部废止原来的计划，但A集团军群司令部决定再接再厉。1月30日，他们再次向陆军总司令部提交了一份备忘录，再次强调了自己的观点，认为仅靠第19装甲军是难以完成突破法国在比利时南部和马斯河沿岸防线的任务的。

2月7日，在A集团军群司令部驻地科布伦茨，陆军总参谋长哈尔德参加了由曼施泰因领导的图上作业。经过推演，哈尔德开始认识到曼施泰因所提计划的正确性。但这是曼施泰因在A集团军群参谋部的最后工作了。

早在 1 月 27 日，曼施泰因就收到调令，要其回乡担任即将组建的第 38 军军长。推演结束后，带着慷慨大量和非凡的气度，龙德施泰特高度赞扬了曼施泰因在参谋部的工作，并表示感谢。

陆军总司令部对曼施泰因的调离是出于德军正常的任免程序的，但在曼施泰因看来，这样的调令无异于解职。临阵换将并不寻常，多少是陆军总司令部对曼施泰因多次提交反对意见的报复措施。令曼施泰因感到欣慰的是，集团军群下属的两个集团军司令布施和李斯特，以及古德里安等将领都对陆军总司令部的调令感到震惊。

2 月 9 日，曼施泰因离开科布伦茨，回到利格尼茨。

在特雷斯科夫的委托下，希特勒的副官施蒙特为曼施泰因提供了一个机会，使他得以当面向希特勒阐述自己的进攻计划。2 月 17 日，曼施泰因和几个新任军长一同面见希特勒。共进早餐之后，希特勒将曼施泰因留了下来，要他报告对西线局势的看法。曼施泰因抓住机会，将 A 集团军群的进攻计划和盘托出，希特勒对进军计划也是极为熟悉的，能很快地跟上曼施泰因的讲述思路。完全得悉曼施泰因的计划后，希特勒对其表示完全赞同。

得到希特勒首肯的曼施泰因相当高兴，尽管已经不再是 A 集团军群司令部的一员，他仍以前参谋长的身份向龙德施泰特提交了一份会谈记录。他这样写道：

冯·曼施泰因，作为新编 38 军的军长，在面见元首时，得以陈述本集团军区司令部的作战计划。他的报告内容是：

1.西线攻势的直接目标必须设为在陆上取得对同盟国军队的决定性胜

利。现有的计划旨在消灭位于比利时和荷兰等国的同盟国军队，夺取英吉利海峡东面的港口。若要达成此短期目标，德国将付出惨重的政治和军事代价。

为此，西线作战的策略必须是，在以尽量小的代价来突破英、法军队的防线，以一次战役彻底摧垮法国的抵抗能力。

2.为了贯彻以上战略思想，必须调整现有进军指令的侧重点。具体来讲，就是在战争初期，就必须明白德军有能力以陆战击溃敌军防线，德军应以A集团军群作为进攻的核心力量，而不是如现在将进攻重点放在B集团军群或者试图等到战时再行调整。按照现在的进军计划，如果进展顺利，德军也仅能迫使英法军队后撤至索姆河一线，双方将再次在此生死鏖战，这将成为"一战"的翻版。

如果德军以南翼的A集团军群为主要进攻力量，突破阿登山区，强渡马斯河并向马斯河河口进击，如此必将顺利切断位于比利时北部的敌军集群的南逃之路，实现围歼。之后，德军可顺势而下，向东南方迂回，切断马奇诺防线附近法军与其他部分的联系，从而消灭法军的绝大部分有生力量。

3.A集团军群若要完成以上任务，仅以现有的两个集团军显然是不可能的，它需要配属第3个集团军。他们的任务是：

以北侧的第2集团军渡过马斯河突向索姆河下游，完成战略包抄的任务，切断B集团军群当面敌军的退路。

中央的第12集团军应在色当附近突破法军防线，然后向西南方向运动，以强力攻击粉碎法国人任何的军事企图——包括进行反突击和组织防线。

南侧的第 16 集团军则以防御为主，负责保护马斯河与莫泽尔河之间德军进攻通道的安全。

此外，空军必须配合陆军行动，尽早侦破并粉碎法军的任何军事动作。

4.仅以 19 装甲军作为突击力量是不足够的，难以突破比利时南部防线并渡过马斯河。为此，必须让第 14 军配合古德里安的行动，并不受 A、B 两个集团军群的辖制。

三天后，以曼施泰因的计划为主，希特勒颁布了新的进军指令。新的进军指令与曼施泰因的计划基本一致：

1.将古德里安的第 19 装甲军和第 14 摩托化军合编为新的装甲集群，由克莱斯特将军指挥，负责突破法军在色当附近的马斯河沿岸防线。

2.将原属 B 集团军群的第 2 集团军，改属 A 集团军群。同时，准备第三个集团军配属 A 集团军群，由其弥补因第 16 集团军向色当以南突击而留下的战线缺口。

3.原属 B 集团军群的第 4 集团军也改由 A 集团军群指挥，以保证该集团军群向索姆河下游跟进的时候有一定的余地。

这样，德军的战略重心终于移到南方，而 B 集团军群仍保有 3 个集团军的兵力，足以在北方战场取得巨大胜利。

但是，就之后的德军的实际行动而言，曼施泰因认为希特勒仍然没有接受他计划中的重要一步，即德军在色当附近突破法军马斯河防线之后，应该折向西南，粉碎法军可能在马斯河以西地区的反突击，这是最终歼灭法军的重要先机。

此时的希特勒可能也并未想到自己在比利时和法国北部的军事行动将会是何等的顺利，他没有接受曼施泰因的计划——在马斯河以西采取进攻姿态，他命令部队在突破马斯河防线以后，就地建立防线，以军事防御保证 A 集团军群的南翼安全。在曼施泰因看来，希特勒的这种保守策略之所以未酿成大祸，还是必须要感谢同盟国军队并未试图在南线组织大规模的反击行动。

无论如何，这些暂时都与曼施泰因没有关系了。而且，接下来的战事也算有惊无险，德军的装甲部队成功地将英军赶出了欧洲大陆，并击垮了法军的战斗意志。

制定的作战计划被采纳后，曼施泰因在德国东部地区待了几个月，静静地等待计划的施行。在整整三个月的时间里，曼施泰因忙着组建第 38 军军部，建立军属通讯营，不时地还得到波美拉尼亚和波森视察新组建的师。

1940 年 5 月 10 日，还在利格尼茨家中休假的曼施泰因从收音机里知道了德军在西线发动攻势的消息。可以想见，在接下来的几天，他是如何焦急地等待，虽然经过无数次的沙盘推演和图上作业，对可能出现的情况作了很多的准备，但真的到具体实施的时候，对自己的计划能否顺利完成，他的心中仍然忐忑不安。

计划的关键在于对阿登山区的突破，他也最为关注 A 集团军群和装甲集群部队的消息，盼望着装甲部队能迅速通过阿登山区，突破比利时南部要塞，赶在法军增援部队达到之前突破色当防线，顺利渡过马斯河，实现对比利时北部地区英法联军的合围。

在德军发动西线攻势的同一天，曼施泰因得到命令，要他率所属的第38军由什切青开往布伦瑞克。5月13日，陆军总司令部再次命令他把第38军带到杜塞尔多夫，接受B集团军群的指挥。

曼施泰因的部队跟在先头部队的后面，在马斯特里赫特地区附近，他查看了被德军突破的比利时要塞。虽然德军并不太清楚同盟国军队的下一步动向，陆军总司令部仍是对之后的军事行动做了安排，但并未对之前的计划做太多的修正，可能在观察清楚战局走势之后才会有明确指令。曼施泰因也从B集团军群司令部获得了这一消息。

入侵荷兰期间，德军通过马斯河

跟在进攻阵线之后的第38军几乎无事可做，曼施泰因也觉得有些苦闷了，好不容易调到前线，却只能跟着别人的脚步。终于，一展拳脚的时候到了。

　　5月16日，曼施泰因接到了陆军总司令部的新任命，他的38军改属A集团军群，受第12集团军辖制。第二天，曼施泰因兴冲冲地跑到位于比利时巴斯托涅的A集团军群司令部，向老长官龙德施泰特报到。在那里，他受到新任集团军群参谋长冯·佐登施特恩和参谋部老同事们的热烈欢迎。

　　众人兴奋地向曼施泰因介绍了A集团军群和装甲部队的推进情况，曼施泰因得知，德军已经通过阿登山区，并成功突破比利时南部和马斯河沿岸的敌军防线，渡过了马斯河，德军眼前已是一马平川。

　　曼施泰因所在的第12集团军的任务是，跟进装甲部队，迅速突破到索姆河下游地区，彻底堵住北方敌军的南归之路。进攻阵线的南侧安全则由新组建的第2集团军负责。

　　但刚刚率部与12集团军会合后，陆军司令部就传达下希特勒的命令，要求第12集团军停止向索姆河挺进的行动，折向西南，建立防线，预备法军可能的反突击。为确保安全，希特勒甚至命令将负责突击的克莱斯特装甲集群的兵锋限制在瓦兹河以东地域内。第2集团军则通过第4、12集团军之间的空隙，接替装甲集群的任务，继续向瓦兹河以西推进。

　　曼施泰因感觉他的计划被强制改动了，他很懊恼，自己的计划居然被居上位者在无任何正当理由的情况下，随意地修改，他当初据理力争的观点被抛弃了，最不愿看到的情形最终还是发生了。

首先是陆军总司令部的修改——在曼施泰因看来，他们的理由无疑是相当可笑的——在德军渡过马斯河之后，他们以空间不够部队无法展开为由，并未让居后的第2集团军插入正面战线，这一修改就给了希特勒再次修改计划提供了机会。

希特勒担心A集团军群的南侧可能会遭到敌军强大的反突击，所以不惜留下装甲集群和第12集团军，以防万一。但在曼施泰因开来，由第2集团军进行攻击作战，已经足以粉碎敌军任何有组织的军事行动了，何况没有迹象表明法军在组织大规模的反突击。

所以，留下如此多的强大武力而只为展开部队，绝对是得不偿失的。因为，茫果真放弃装甲集群的突击，德军不仅没有足够的兵力去歼灭比利时北部的敌军，也因其所采取的防御姿态，而给了法军调兵遣将的时间。很快，法军得以在东西走向的埃纳河以南地区修筑了一条新的防线，与第12集团军的防线遥遥对峙。以后在法国战役的第二阶段中，德军不得不经过苦战才能将其突破。

战役开始后的最初阶段，第2集团军一直被放在诸军之后。在得到进军索姆河的任务之时，第2集团军还在卢森堡境内。为了加强第2集团军的突击力量，曼施泰因的第38军被要求随同跟进，曼施泰因终于走上了前线，他对希特勒的调整计划是持保留态度的，所以对这次随同突击缺乏兴趣，觉得还不如在北线参加对敌军的围歼。

祸不单行，这话用在这时期的曼施泰因身上再合适不过了。在他接受被变更的计划而不得不率军进攻之时，他的妻弟——埃格伯特·冯·勒施在布鲁塞尔执行任务时失踪了。

勒施是曼施泰因夫人的二弟，从上学的时候，就和曼施泰因夫妇一起住在德累斯顿和马格德堡。姐姐显然很喜欢自己的弟弟，弟弟结婚后对弟媳仍是极好，勒施出事时他年轻的妻子正和姐姐住在利格尼茨。

战役开始的时候，勒施正在一个俯冲轰炸机中队担任中队长。勒施之所以出事，曼施泰因认为他的飞机很有可能被击落了，但由于没有明确的消息，他和妻子以及勒施的家人都在惶惶不安中等待了数月之久。直到法国战役结束之后，曼施泰因才有时间回头央人寻找勒施的踪迹，经过长时间的搜索，曼施泰因终于在布鲁塞尔郊外找到了勒施座机的残骸。据当地居民讲，勒施的飞机在俯冲时被高炮击中了，勒施和一名机组成员当时就被打死了。

勒施在他参战前写下的遗言中这样讲道：

请不要为我的阵亡伤心。我是一个理想主义者，虽死犹生。但令人遗憾的是，我再也不能在幸福的人间生活了，再也不能为祖国服务了，再也不能疼爱我的妻子了。这是最令我难以释怀的。

克莱斯特的装甲集群最终还是越过了瓦兹河到达索姆河下游。德军装甲部队的速度远超了法军的预料，很多法国部队在睡梦中就被德军缴械了。5月19日，德军占领亚眠。21日，德军进入阿布维尔。之后，冯·维特斯海姆的第14装甲军原地建立防线，休整了一周时间，等待后续部队的跟进。

德军并未在索姆河以南建立完整巩固的防线。第14装甲军的第2摩托化师负责坚守阿布维尔以南索姆河南岸的登陆场，并负责阿布维尔—亚眠沿线的警戒任务。第9装甲师则在坚守亚眠以南的登陆场。在两个师的正南方，英法两国也无足够兵力建立防线。在亚眠附近，只有一个法国殖民地师，在阿布维尔以南，也只有一个英国师在监视德军的行动。

5月25日，曼施泰因的38军奉命接管第14装甲军在索姆河沿岸的阵地。27日，两军完成交接。第14装甲军全部撤回索姆河以北，作为机动预备队，之后参加了对北方敌人的围剿。

两军换防时，看着曼施泰因带来的新兵，维特斯海姆安慰曼施泰因道，据他估计，英法军队兵力不足，不可能发起攻击，要曼施泰因放心。但出乎意外似乎又在意料之中的是，两军换防一个小时后，英法军队看到德军装甲部队已经撤走，立马调集部队对立足未稳的38军发起猛烈攻击，并投入大量装甲部队。幸亏将帅用命，激战半天之后，英、法军队终于被击溃。

是役中，反坦克炮兵部队作战勇猛，在亚眠和阿布维尔击毁了大量英法坦克。其中尤以炮手布林福尔特战绩最优，以一己之力，击毁9辆英军坦克，经曼施泰因推荐，陆军总司令部授予其骑士十字勋章，成为第38军中的第一人。

现在，击退英法进攻的曼施泰因有充足的理由向上峰——第4集团军司令冯·克鲁格将军——抱怨了。如他一早主张的，他对自希特勒在战线南翼持有的这种防御姿态就极为不满，极力要求以进攻粉碎敌人的任何行动能力，避免己方陷入苦战。在他看来，把第 14 装甲军闲置在索姆河以北是极大的浪费，他们本可以在河的南岸展开机动作战，减轻登陆场的防守压力。在这种情形下，即使深入索姆河以南的一个军很可能会陷入孤军奋战的境地，但为了总体战局考虑，这也是不得不牺牲的。这时，曼施泰因旧事重提，又对克鲁格表达了主动出击的意愿。

像是和陆军总司令部商量好的一样，克鲁格拒绝了曼施泰因的出击请求。克鲁格在曼施泰因眼中成了掉书袋子和死守命令的家伙，不肯根据战情作出任何变通。在接下来的几天，英法军队不断地对德军河南的两个登陆场展开猛烈攻击。

据属下报告，亚眠战局吃紧，但实地视察后，曼施泰因觉得情况尚好，就拒绝了部下的增援请求。

但到 5 月 29 日前后，阿布维尔的德军确实一度遭遇危机。几乎没有战斗经验的第 57 步兵师经过长途行军到达此地后，没有得到多少休整就接管了第 2 摩托化步兵师的阵地。很快，他们的阵地遭到在装甲部队掩护下的英国军队的进攻，仓促应战的第 57 师左支右绌，慌乱出手，丢失了不少阵地，一些部队甚至擅自撤出阵地。面对这种情况，曼施泰因不得不立即赶往阿布维尔，亲自督战，终于稳住了防线。

在苦战的同时，曼施泰因也曾建议克鲁格调动刚刚到达的两个步兵师投入索姆河南岸的战斗，以钳形攻势扫除第 38 军正面的英法军队。但这一请求仍被克鲁格否决，他言道，如果实在难以支持，曼施泰因可以撤出河南岸的阵地。曼施泰因多少有些绝望了。

由于希特勒在瓦兹河以西、索姆河以南地区实施的防守策略，自动放弃战争主动权，英法军队得以利用这段时间，从南方调入预备队，沿着马奇诺防线西北端，经卡里尼昂到索姆河口为止一线，建立起一条新的防线。这完全脱离了曼施泰因对南方战局的设计初衷。

由于不知道北线战事何时结束，德军在南线并无具体的进军时间表。6月4日，直到北线英、法联军从敦刻尔克撤离之后，德军才试图突破索姆河以南的法军防线，向法国腹地进军。曼施泰因亲上战场，开始了疯狂的大追击。

经过长时间的等待，英国远征军一部终于登上"收获者"号驱逐舰撤离敦刻尔克

英国远征军将大批重型装备丢弃在敦刻尔克

　　6月5日，A集团军群下属的第4集团军以两个步兵军和两个装甲军的兵力突破索姆河以南的法军防线，开始大规模向南攻击。

　　曼施泰因的第38军是从阿布维尔和亚眠之间的小城皮克尼出发，下辖苏台德第46步兵师（师长为冯·哈泽少将）、施瓦本第27步兵师（师长为贝格曼中将）、威斯特法利亚第6步兵师（预备队，师长为冯·比格勒本中将）。

　　在第38军的出发的索姆河北岸，属坡度较缓的山地，而法军防守的南面则地势陡峭，山谷里布满各类灌木丛，遮挡了双方部队的视线。南岸的几个村庄，到处布满了农民的房屋，为法军提供了极好的遮掩，这样的战场形势延续到法军纵深很远的距离。

　　经过侦查，曼施泰因发现自己面对的是两个法国师，分别由来自非洲的黑人和阿尔萨斯的青壮年组成，并由大量的炮兵部队提供火力支援。曼施泰因对法军阵地战中火炮的威力是有深刻体会的，强攻看来不行，于是，他决定发动奇袭。

事实上，曼施泰因的战术取得了很好的效果。在攻击之前，他让两个步兵师的士兵携带船只和渡河工具潜入河边的树丛。6月5日攻击发起后，步兵迅速渡河，快速向前突击。法军的火炮全都对准河的北岸，无法为河南村庄中的巷战提供火力支援。付出了不小的伤亡后，曼施泰因部队终于控制了南岸高地，摧毁了法军的炮兵部队。到当天深夜，南岸村庄的法军部队被歼灭。第38军全军渡过索姆河。

1940年，法国6英寸口径榴弹炮正在向德军猛烈开火

之后的两天，法军还在做着抵抗，德军在索姆河以南前进缓慢，不得不一个村子一个村子地克服。由于缺乏侦查，一些德军部队不敢贸然进入似乎无人防守的村庄，希望经过炮兵攻击扫清道路后再前进。

同样缺乏敌军情报的曼施泰因对部下的这种谨慎作风极为不满，他认为在不明情况下，必须紧紧咬住敌军，使其没有喘气的机会，否则德军很可能再次遭遇索姆河畔式的苦战。曼施泰因来往于各个部队，严令各部迅速展开追击。

为了鼓舞士气，他身先士卒，驾着自己的军用吉普车在前开路，担负起了战前侦察的任务。各部因此奋勇向前，6月7日，曼施泰因攻占了普瓦。两天时间内，他的步兵们疯狂突进了100余公里。6月9日，曼施泰因已经饮马塞纳河了。

由于突进速度太快，加之通讯不便，不少部队紧跟突击部队，曼施泰因不得不在塞纳河畔稍作休整，会齐各部。6月10日，曼施泰因的部队开始渡河。陆军总司令部一度计划仅占领塞纳河以南的滩头阵地就可以了，38军成了渡过塞纳河的孤军，其他友军部队都还远在河北。

曼施泰因还是不愿意放弃追击，现在陆军总司令部已经将进攻的重点稍稍南移到了厄尔河一线。曼施泰因认为必须向塞纳河以南地区进攻，以大合围的方式切断巴黎与外界的联系，粉碎法军的一切抵抗。

在塞纳河边待了两天后，曼施泰因坐不住了。6月11日，他请求克鲁格将原配属给他的第1骑兵师重新划归他统领，充作突击行动的尖刀部队。但克鲁格要求他继续等待命令。

第 6 师俘虏了一个法军的飞行员，从缴获的文件上看，法军正在准备着大范围的撤退。而第 46 师当面的法军装甲部队也有进攻的迹象。一贯喜欢掌握主动权的曼施泰因觉得不能再等了，正当他决定擅自出击，生怕曼施泰因突击过猛的克鲁格亲自前来传达口头命令，严禁曼施泰因深入厄尔河以南。虽然磕磕绊绊，曼施泰因总算是得到了进攻命令。

6 月 12 日，第 46 师击退了法军的进攻。6 月 13 日，更多的德军部队渡过塞纳河。6 月 14 日，陆军总司令视察了正在追击的 38 军，但并未透露任何消息。

6 月 15 日，克鲁格通知曼施泰因，集团军的目标已经改为勒芒，他命令曼施泰因不顾一切，迅速向南突击。曼施泰因的部队迅速突破法军仓促中组织起来的防线，朝着卢瓦尔河猛冲而去。

6 月 17 日，法国雷诺政府辞职，贝当上台组阁。为迫使法国投降，第二天，希特勒再次要求德军迅速南进。

6 月 19 日，曼施泰因进入勒芒。在路上，大量的被解除武装的法军正在向东行进，曼施泰因知道，敌军已经放弃抵抗了。此后，德军没有遇到有组织的防御。一天后，曼施泰因的先遣部队达到勒芒，当晚，曼施泰因和他们一起渡过了卢瓦尔河，住在沙洛讷的塞朗城堡。

6 月 22 日，38 军全部渡过卢瓦尔河，并向前推进了一段距离，接受了大量法军降兵。当天，贝当政府在贡比涅向德军投降。

德军占领巴黎

在两周多的时间里，曼施泰因的部队疯狂突进 500 余公里，从索姆河进驻卢瓦尔河，这样的战绩"既不是依靠坦克，也没有依靠摩托化"，他的部队甚至没有配备专门的装甲部队。曼施泰因的战术思想，一如他在战略构想上一般，敢于冒险，一有机会，必将不惜一切代价置敌人于死地。在后来的领兵作战中，他又多次上演了大突击的戏码。

无论如何，曼施泰因算用自己的战绩亲自给"曼施泰因计划"画下了一个完美的句号。胜利不仅是曼施泰因的，也是德国陆军的。在他们眼中，自从 1918 年 11 月 11 日后，德军头上就没有阳光了，而现在，曾经的胜利者被自己踩在了脚下，复仇之战得以完成。

和很多德国人所认为的一样，曼施泰因觉得，此时的希特勒，带领着德国，走到了自己人生的巅峰，兴奋无比的希特勒甚至在贡比涅跳起了吉格舞。德国能战胜法国，固然得益于希特勒敢于打破《凡尔赛和约》对德国军队发展的束缚，但不到十年时间里的发展并不是德国制胜的关键。德国在陆军没有绝对优势，空军甚至还处在劣势的情形下，所赖以战胜英法联军的，其实是德国军队的高度战术素养和指挥官临场的精湛指挥艺术，这些来源于德军"一战"战败后的经验总结，而对手一方甚至还在原地踏步。

出人意料的顺利，德军在一个多月的时间里，逼降了法国。由于并未收到下一步作战指令，长途跋涉后的 38 军终于得到了喘息的机会，军部由卢瓦尔河下游的昂热地区迁到中游的桑塞尔地区。在这里，曼施泰因对所属各师进行了整编，抚慰伤亡，完整建制。曼施泰因住在暴富的君度酒商仿建的城堡中，住所的视野极为开阔，山下的卢瓦尔河谷一览无余，令人心情大畅，颇符合胜利者心理上的得意之情。

7 月 16 日，希特勒公布了进攻英国的"海狮行动"计划。第二天，陆军总司令部调派 13 个精锐师开赴英吉利海峡沿岸，为登陆英国作准备，曼施泰因率领其中的 3 个师，驻扎在敦刻尔克西南的布洛涅。

7 月 19 日，曼施泰因和所有的国防军军官一道，被希特勒召集到柏林参加国会典礼。在典礼上，希特勒向与会人员高兴地宣布，西线战事已经结束了，并奖励了在此次作战和此前波兰战役中的有功人员。他一共任命了 12 位元帅，包括一位帝国元帅。曼施泰因也因战功卓著获得一枚骑士十字勋章。

对希特勒此举，曼施泰因颇有微词。表面上看起来希特勒对陆军大加赏赐，把包括陆军总司令在内的数名将军晋升为元帅。但实际上，这样的大肆分封与常例颇为不合，按照传统，只有独立指挥过一场战役、赢得一场会战或者是占领一个要塞的将军才能获得元帅头衔，而此次名列其中的国防军陆军统帅部长官则明显不具有此种资格。

最令曼施泰因不满的还是希特勒对空军的过度褒扬。除任命空军国务秘书为元帅外，希特勒还将空军总司令戈林晋升为帝国元帅，戈林由此成为一人之下、万人之上的人物，力压陆、海军总司令。希特勒对陆军部门的有意冷落可见一斑，曼施泰因这个进军计划的最早倡议者更是被冷落在一边了。

好在又有了新的任务，曼施泰因很快地从郁闷状态走出来了。军部所在地旁边有个海滨浴场，曼施泰因住进了海边的一栋小别墅。每到一地，他对当地的建筑和各类景观都极为爱护，甚至房间的陈设也不作大的变动，并尽量保持清洁卫生。

曼施泰因与他的法国邻居们相处得还算融洽，像他的很多向往法国生活的德意志先辈们一样，法国绚烂的文化、优美的风光和精致的美食让这个标准的德国军人度过了一段难以忘怀的时光。浴场直到11月都还可以游泳，这让曼施泰因常常忘记了时光的流逝。此外，每个月，部队还有一次休假，提供给官兵们到巴黎玩乐。

在这里，曼施泰因带着部队进行着繁忙的登陆训练。德军并无现代化的登陆器材，他们甚至把莱茵河、易北河上的驳船、小渔船和摩托艇等统统征集而来，陆军和海军新兵们一同接受着训练。曼施泰因希望部队能尽快掌握渡海作战技能，从军事上而言，德军必须乘英军防御不稳之时，早日占领英国。

削弱陆军总参谋部权力的弊端明显表现出来了。缺乏这样一个思考战局走势、对战事负总责的机构之后，对战局的思考和计划完全依靠元首的旨意，参谋部门再不主动进行战略设计了。由于并未就对英作战做过先期谋划，致使部队在法国战事结束后，陷入长期无所事事的状态。如一年之前那样，最终出台的计划再次受到天气因素的影响，充满了变数。

若试图以武力迫使英国人屈服，德国人至少有三种可供选择的方式：

一种方式是切断大不列颠群岛的海上补给。有利的条件是德军已经控制了海峡东岸的法国、比利时、挪威等国，足以用作海军出入的基地。但同时，德军有一个很明显的短板是，它的空军和海军的战力都不足以支持它完成此项目标，在有限的军事工业生产能力下，对海、空军的过多投入必将减弱对陆军的装备补充，而这一切将使苏联的威胁扩大。而之后为了对付苏联，德国的军工企业又不得不调回偏重陆军的轨道上。

另一种方式是夺取地中海的战斗。其意在通过切断英国与其亚非地区自治国家的联系，切断英国的石油和粮食供应。但这一战略并无法完全切断英国与近东、印度地区的联系，甚至会引发更多的政治外交问题，给德国招致更多的敌人。而德军进占近东，将可能激怒苏联，也会刺激苏联在东欧发动攻势，并增加其成功的可能性。

最后的一种选方式则是占领英国本土。

这时的希特勒似乎并不想与英国决一死战，他最早是试图诱使英国走向谈判桌，但被英国 5 月 10 新上台的首相兼国防部长温斯顿·丘吉尔断然拒绝，恼羞成怒的希特勒决定发动对英作战。

丘吉尔当选为英国首相，正在与戈特勋爵和伯纳尔中将交谈

在听取了三军首脑们的意见后，7月16日，希特勒发布了"关于准备在英国登陆作战的第16号指令"，即"海狮计划"，试图先以空军取得制空权，然后派陆军登陆占领英国。

但一个重要的事实是，虽然英国空军在敦刻尔克大撤退中损失重大，但仍有1300架各类战机。1940年的德国空军并没有能力完成夺取制空权的任务，更何况希特勒的军事指挥再次犯了大错。

8月13日，是戈林预定的攻击发起之日，德军出动480多架轰炸机，在1000多架战斗机的掩护下，向英国的9个机场发起猛烈的轰炸。是役，英军损失战机400余架，牺牲飞行员200余人，5个机场遭到严重破坏，7个重要雷达站被炸毁6个。英军的通信系统几乎陷入瘫痪。之后，德军又有多次空袭行动。

1940 年 9 月，遭到纳粹德国空袭后，伦敦街道的惨状

英国皇家空军在德国上空准备投掷传单

战役的转折点出现于 8 月 23 日。是日，因为天气的原因，飞临英国上空的德军轰炸机误炸了伦敦城。两天后，英军展开了报复行动，他们出动 80 余架轰炸机对包括柏林在内的德国城市进行了轰炸。

　　得知此事的希特勒大为恼火。9 月 7 日，德国空军出动 1200 余架飞机对伦敦实施了大规模的轰炸。希特勒的这一决策完全扭转了战争走势，之前的德国空军已经占据优势，如果继续将英国空军压制在飞机场上，德国的陆军就有机会展开登陆作战了。但希特勒的头脑一热，将轰炸重点转向伦敦，给英国空军提供了重要的喘息之机，而这将决定整个战役的走势。

　　9 月 15 日，德军再次出动 800 余架飞机，准备对英国发动最后一击，没想到遭到英军的顽强阻击，最后，英军以微小的代价重创德国空军。9 月 17 日，希特勒被迫推迟"海狮"行动。

地勤人员正在给飓风 MK1 型飞机的翼装机枪补充子弹

两架飓风式战斗机起飞迎战

希特勒的错误是极其愚蠢的，按照曼施泰因历来的观点，德军空军必须在陆军的配合下才有可能完成对英作战的胜利。而希特勒却放任狂妄的戈林，将陆军丢在海峡东岸，试图以空军一己之力轰灭英伦三岛，最后却使德军丧失了空中优势，被迫放弃对英作战。

在后来的回忆中，曼施泰因甚至认为希特勒一度并不愿意与英国作战。希特勒常说，消灭大英帝国并不符合德国的利益。英德之战必定会是两败俱伤的局面，到那时，美国或苏联将会坐收渔翁之利，顺利登上世界第一的宝座。

相反，尽管已经与苏联签订了互不侵犯条约，但从骨子里，希特勒对斯大林是不信任的，斯拉夫人传统的扩张欲望一直令他耿耿于怀，如果能在法国投降后兵不血刃地令英国人屈服，则德国人将有足够的时间和精力应付苏联。如此，一方面希特勒不必冒险发动对英作战，避免自己的空前声望遭到可能存在的损害；另一方面，在希特勒的理想中，西欧也不至于因为法国战败而丧失其在世界政治舞台上的发言权。

但丘吉尔的一盆凉水彻底地惊醒了希特勒的迷梦。英国一直秉承"大陆均势政策"，努力保持西欧大陆的平衡状态，法国的战败已经完全破坏了英国人的外交部署，甚至英国本土也已经暴露在了德军的枪口之下。丘吉尔的强硬上台，已经证明为荣誉与安全计的英国人，已经不惜决一死战了。

战事不利的希特勒现在主动退却了，他主动停止了"海狮行动"。他将注意力转向了东方，以为这次总可以一击而全部拿下了吧！殊不知，这次的敌人也并不是他们能够战胜的。当德军久攻苏联不下的时候，他们再次陷入两线作战的境地。

相关链接：

呼啸的死神——德制 JU-87 斯图卡式俯冲轰炸机

德制 JU-87 斯图卡式俯冲轰炸机，是第二次世界大战德军主战轰炸机种，属双座反坦克强击机。该机由容克斯公司负责生产，其最早的设计理念来源于美国的"鹰"式战斗机。德国计划重整军备后，对这种改进型号的俯冲轰炸机大感兴趣，认为其可极大地增加轰炸精度和命中率。

该机为单发动机型，最大时速 410 公里，最高飞行高度 7290 米，净重 3.9 吨，满载全重达 6.6 吨，配有两门 37 毫米机关炮和一挺 7.62 毫米轻机枪，可携带总重 1.8 吨的炸弹。由于该型飞机在机头冷却器进气口装有一个由空气驱动的发声装置，俯冲而下时发出凄厉的尖啸声，极大地增加了被攻击人群的心理恐惧。

在握有制空权的时候，JU-87 斯图卡式俯冲轰炸机是德军闪击战的重要组成部分，在波兰和西线战场，该轰炸机都有上佳表现，极大地震慑了英法联军。但随着不列颠空战的继续，德军的空中优势逐渐丧失，JU-87 斯图卡式俯冲轰炸机优势不再。

苏德战争爆发后，该型轰炸机再度崛起，一度成为苏军坦克的梦魇。德军王牌飞行员汉斯·鲁德尔驾驶着改进型号 JU-87 G 俯冲轰炸机在苏德战场上创造了击毁 519 辆坦克的惊人纪录，一度被称为"坦克杀手"。

/ 苏德战争的爆发 /

德国对苏联一直严密盯防，早在 1936 年，德国即与日本签订反共产国际协定，对苏联这个共产国际大本营也是恨之入骨。但为了避免如"一战"一般陷入两线作战，德国一度又不得不拉拢苏联。

1939 年 8 月 23 日，苏德签订互不侵犯条约，双方就两国在东欧地区的势力范围做了划分，爱沙尼亚、拉脱维亚和芬兰三国被列入苏联的势力范围，此举遭到英法和东欧国家的强烈反对。

依靠这个协定，德国得以占领波兰西部地区。1940 年 6 月，利用德军进攻法国的机会，苏联攻占波罗的海沿岸的爱沙尼亚、拉脱维亚、立陶宛等国，甚至将原本划归德国的立陶宛南部地区也收入自己怀中。法国的迅速战败也极大地触动了斯大林，好在丘吉尔适时上台并做出了坚决抵抗的姿态，缓解了苏联的燃眉之急。到 6 月末，苏联进一步插手巴尔干地区，向罗马尼亚发出最后通牒，这让一直视巴尔干地区国家为从属国的德国感到愤怒。法国战事一结束，希特勒就将 20 多个师调往立陶宛边境，要求苏联归还应属德国的立陶宛南部地区。

9 月，德、意、日三国又订立同盟，苏联感到自己似乎被作为了靶子。但斯大林并未显出惊慌，遭受西方国家经济封锁的德国，还得深深依赖于苏联的原料供应，而德国人对苏联的军事力量了解不多，他觉得主动权还在苏联手中。斯大林并不想主动惹怒德国，他向希特勒发出了一系列的外交抗议，但后者始终置若罔闻。到 1941 年 5 月，德国已经完全占领巴尔干地区，从而将英国势力完全逐出欧洲大陆。苏联人似乎成了希特勒在欧洲大陆最后的敌人。

很多迹象曾表明德国有进攻苏联的计划，但斯大林仍要求苏联边防部队保持克制，不要攻击越境的德军飞机和侦查人员。在他看来，英美的战争提醒很可能是它们在挑拨离间，试图将苏联拖入战争，造成苏德大战的局面。直到 6 月 21 日，一名投诚的德军军官带来了准确的消息后，斯大林才慌忙召集国防部长铁木辛哥、总参谋长朱可夫和副总参谋长瓦杜丁等人连夜商量对策。虽然摸不准德军的脉搏，斯大林还是命令边防军进入战备状态，可惜的是，还未等所有部队接到此命令，战争就爆发了。

苏联并非没有针对德国的进攻意图的防备。据日后俄罗斯《共青团真理报》的披露，在 1941 年 5 月 5 日，为庆祝军事科学院的学生的毕业离校，苏军高级将领，包括国防人民委员、总参谋长、大军区司令员及苏共所有高级领导人悉数到场。在正式的毕业典礼结束之后的酒会上，斯大林在祝酒词中讲道："和平政策固然好，迄今为止，我们也一直奉行的是防御方针。但是，当我军完成了改造并配备了充足的现代化战争武器的时候，我们变得强大了，应该从防御的姿态转向进攻。"之后，日丹诺夫、加里宁等也曾表示过，苏联有可能在未来对德国采取"先发制人"的政策。为此，苏军总参谋部还制定了攻击计划，并组织各兵种进行相关训练，打算在一到两个月内实施攻击。但出于各种顾虑，这个计划最终被斯大林放弃了。

而且苏联对德国可能发动的进攻也并非全无防范。从 1941 年春季开始，苏联开始大规模征集预备役人员，并将武装部队的总数增加到 420 万人之多，虽然多是服役不到一年的新兵。为弥补带兵将领不足的问题，苏联还紧急恢复在大清洗中幸存下来的军官的名誉，让其重新担任官职。到 4月份为止，苏联在西部边境地区的兵力达到 4 个集团军。但总体看来，苏联的兵力部署乃是出于"消极防御"的策略，洞察这一点的德军并没有太重视苏军的举动。

与一年多前身处集团军群司令部相比，1941 年间正在走晋升程序的曼施泰因，就没有那么快捷的信息来源渠道了。好在军方高层已经尝到装甲部队突袭战术的甜头，开始大规模成建制地使用装甲部队。

早在 1940 年 6 月法国投降之后，布劳希奇就得到希特勒的指令，要求陆军部门必须"紧盯东方"。7 月，陆军总参谋部已经开始商讨在与英国缔结和约之后，如何进行对苏作战了。一个总的思想是，对苏联的攻势，必须仿效西线刚刚结束的战事，不过，这是规模更大的一次。虽然仍是停留在计划上，但在这一点上，希特勒和陆军部门难得地达成了一致。

曼施泰因自己也是鸟枪换炮，一年前的 38 军连一个正式的装甲部队编制都没有，而在 1941 年，他所率领的新组建的第 56 军则是一个真正的装甲军，他可以更好地发挥在突击作战上的特长了。

1940 年 8 月，希特勒发布了旨在加强东线兵力的"奥托"指令，加紧在原波兰地区修筑军事设施，进行交通建设。

由于忙着稳固自己在巴尔干半岛地区的右翼安全，希特勒不得不将原定于 5 月 15 日的对苏作战发起日往后推延数周。

1941 年 2 月底，曼施泰因卸任第 38 军军长，到达位于东普鲁士的因斯特堡，担任第 56 军军长，隶属于北方集团军群所属的第 4 装甲集团军群。

希特勒和陆军总司令部在进攻部署上再次出现了意见分歧，这一争论直到战争爆发也未达成统一。出于政治和经济、军事等方面的全面考虑，希特勒将把进攻重心放在南、北两翼：北翼在芬兰军队的配合下，袭取作为布尔斯维克诞生地的列宁格勒，建立与芬兰的陆路联系，粉碎苏联试图威胁德军与芬兰之间运输线路的企图；南翼则从波兰和罗马尼亚两地出兵，占领原料产地和苏联的顿涅茨克工业基地，为下一步进占高加索地区的油田打下基础。德军南、北两线出兵，将占领苏联欧洲部分的主要工业基地，一个夏季就能使苏联经济瘫痪。

陆军总司令部则认为，苏联的地域广阔，乌克兰的地势平坦，这些虽有利于装甲部队的作战，但也容易为苏军主力提供了闪转腾挪的空间。莫斯科已经是苏联的政治、军事和交通中心，为了迫使苏联决战，必须直取莫斯科，希特勒的两条进军线路只会分散德军相对不足的兵力，可能起不到应有的作用。

相对而言，希特勒更是看重对苏军经济和政治目标的占领，认为此举有助于打击苏军士气，降低其抵抗意志。他过高地估计了波罗的海沿岸地区对苏军的重要性。陆军总司令部则意在苏军的军事目标，不甚重视经济目的。陆军部队内部的意见也不统一，布劳希奇是不敢违背希特勒的意旨的，哈尔德则据理力争。

最高层对战争部署缺乏统一认识，表明德国人并未弄清楚自己为何而战，也不知道如何去实现自己的目标，这导致了他们最终的失败。

迫于希特勒的压力，在呈送给他的第 21 号进军指令中，陆军总司令部多少加强了北方集团军群的力量，希望他们不至于在中央集团军群进攻莫斯科之前就被迫停止下来。希特勒显然对陆军部门忽视自己的意见颇为不满，他随即以国防军最高统帅的身份对这一指令进行修改。在他的最新命令中，北方集团军群被赋予重要使命，他们被要求在中央集团军群派往支援的装甲部队的帮助下，迅速占领列宁格勒一线，然后会师进攻莫斯科。希特勒将这一新的命令改名为"巴巴罗萨计划"，似乎旨在为这个德意志先祖复仇一般。

德国陆军元帅凯特尔（戴手套者）在介绍巴巴罗萨计划

事后看来，德国为进攻苏联所做的准备并不充分。

德国的军事工业发展步伐很快，铺的摊子太大，但因国内资源不足，希特勒就不得不依赖于从国外获取矿产和粮食等物资，但此类物资来源渠道颇不稳定，而且数量也不很大，严重制约了德国军事制造业的生产能力。希特勒不顾本国的缺陷，低估了苏联国家体制的动员能力以及红军的战斗力，悍然发动苏德战争，以求获得苏联丰富的战略物质资源。

不仅是希特勒，整个德国对苏联情报的收集和了解也极为有限，很多情报甚至停留在"一战"时期的状态。德军的情报工作显然存在严重疏漏，他们并不把苏联视为真正意义上的对手。多少是由于苏联通信系统本身的落后，使得德国人在苏联无法建立高效的情报获取途径。德国人不知道苏联的工业发展和工业布局情况，认为只要占领列宁格勒—基辅一线，苏联人就会崩溃，殊不知，苏联工业早已在乌拉尔以东、甚至远东地区建立新的基地。

到1941年年初，德国情报部门坦白道，他们甚至不知道苏军战斗序列方面的具体情报。只笼统地知道苏军还未实现现代化，苏联地形、气候方面的情报也极其缺乏。

曼施泰因的军部设在因斯特堡，他的住所则在当地医院主治医生维德瓦尔德的家里，在医生家里，曼施泰因和他的副官施佩西特受到主人的热情接待，他们度过了愉快的每一天。

在战争爆发前的几天，曼施泰因将军部迁移到边境附近的伦肯骑士封地，这是东普鲁士有名的种马场，此地风景如画。主人冯·施佩伯骑兵上尉已经到前线去了，曼施泰因一行受到上尉夫人的热情接待。曼施泰因受邀做了他们刚出生孩子的教父，两个家庭的联系一直保持到了战后。

1940年6月22日拂晓，德军越过边界，实施"巴巴罗萨计划"，苏德战争爆发。

按照希特勒的计划，北方集团军下辖屈希勒尔的第18集团军和布施的第16集团军，以及第4装甲集群。后者下辖两个装甲军——莱因哈特的第41装甲军和曼施泰因的第56装甲军，共3个装甲师、2个摩托化步兵师和2个步兵师，担任集团军群的突击任务，第41装甲军在左，第56装甲军在右。北方军区得到第1航空队400余架飞机的空中火力支援。他们的任务是径直突击到列宁格勒地区，并最终占领该城，以击垮苏联人的抵抗意志。

战争刚开始的时候，曼施泰因就不得不面临苏联人特殊的抵抗意志和维持方式，即苏联的政治委员制度。

职业军人出身的曼施泰因对苏联军队的政委制度极不感冒，虽然他对苏联政治委员高效的战斗动员能力颇感意外。德国人认为苏军处理敌军战俘的残酷手段定是受到政治委员的指使，为此，希特勒颁布"政治委员命令"，规定政治委员不能享受战俘待遇，要求前线部队将被俘的苏军政治委员交由党卫军保卫处的战地特别分队，就地枪决。

虽然很不齿于政治委员们的身份，但当曼施泰因发现枪决政治委员只能令苏军誓死抵抗之后，加上军人对屠杀无抵抗能力者的不屑，曼施泰因遂拒绝再执行这项命令，这一举动得到了部下们的赞同，也最终导致此一命令的废除。

"巴巴罗萨计划"期间，武装党卫军士兵奉希姆莱之命执行种族灭绝政策

与之后很多次的战事一样，此时的德军对列宁格勒地区的突击行动，也难以指望近在咫尺的芬兰。芬兰对苏作战的目标仅在收回被苏联割占的领土，它们可不希望自己前门驱虎，后门进狼，再把德国人招来。它们严词拒绝了德军的借道请求，将派驻芬兰的德军礼送出境；但它们又不敢过分得罪德国，态度一直暧昧含混。德国人不得不靠他们自己的力量了。

在波罗的海地区，从东普鲁士到列宁格勒有800多公里的距离，通往列宁格勒的几条公路质量也并不算好，其间又有梅梅尔河、德维纳河和佩普西湖等水域，河湖错杂，间有许多沼泽地和繁密的森林，道路非常难行。列宁格勒以南则属丘陵地区，也是森林沼泽密布，不利于装甲部队开进。

曼施泰因的第56装甲军由3个师组成，下辖第8装甲师、第3摩托化步兵师和第290步兵师，总共配备200余辆坦克。但这并不是装甲军的标准配置，装甲军一般由两个装甲师和1个摩托化步兵师组成，后者的兵力以卡车运送，或者徒步参加战斗。

苏德战争爆发之初，由于生产能力有限，加之燃料不足，德军仅投入19个装甲师和14个摩托化师。德军的主力仍是步兵师，闪击战之所以能取得辉煌战绩，很大程度上是因为德军将步兵和坦克两种部队进行了高度的协调。步兵师的数量占德军初期投入兵力的近五分之四。步兵师由三个团，三个营编成一个团，每营三个连，外加一个中型机枪和迫击炮连。每个团则另有一个反坦克连和一个步兵炮连。师的直属部队则有1个反坦克营和1个配备48

门 105 毫米和 150 毫米榴弹炮的炮团。

步兵的装备以 1898 年栓式步枪为主，全自动冲锋步枪和 1941 年新出的导气管式自动装填步枪也开始装备部队，此外的轻、重型武器则是 34 式机枪和迫击炮。德国步兵部队的武器装备和组织形式都是世界级水平的，多为其他很多国家所效仿，苏联能最终战胜德国，也多有从中取益。

相对而言，炮兵部队在德军部队中并不受重视，虽然德军统帅部也明白，炮兵只有集中使用方能发挥最大效果。但由于空军的火力支援和装甲部队中的炮兵单位设置，德军统帅部对专门成立大规模炮兵部队并不太重视。

此外两类特殊的武装力量是空军和党卫军。在现代军队兵种设置中，空军并无特殊之处，但由于空军总司令戈林与希特勒的特殊关系，空军总是受到特殊照顾。飞机主要是轰炸机和战斗机。德国空军的军事思想多是受闪击战理论的影响，如此，早期空军的主要任务是支援地面部队作战，以"斯图卡"俯冲式轰炸机为主。到战争后期，由于德国本土的防空任务加重，空军采取守势，战斗机部队成为主要发展方向。相对而言，德军战略轰炸部队则乏善可陈。

空军的特殊之处在于其麾下还包括大量地面部队。如在德军中，高炮部队长期隶属空军，但又配备给陆军使用，无法发挥其防空作用。战争开始后，空军又征召了大批部队用于地面作战，这使得本就兵力不足的德国军队再无更多的后备兵源补充陆军的战斗损失，为此，曼施泰因曾多次建言，但并未引起希特勒的重视。尽管如此，面对苏联空军，德国空军还是具有压倒性优势。

德国 JU87 "斯图卡" 俯冲式轰炸机

　　党卫军则是以之前的冲锋队为基础建立的，分为普通党卫军和武装党卫军。前者无军事作用，后者则被高度武装化，成为苏德战场上的重要存在。武装党卫军虽是武装部队，但受纳粹党的严密控制，在人员和组织上几乎不与陆、海、空三军交叉。战争爆发后，它的兵力得到极大充实，高峰时，曾达到 38 个师的规模。由于其领导人希姆莱兼管德国的警察机构，武装党卫军也执行一部分内卫任务。武装党卫军装备先进，士气高昂，其战力可能不下于德国正规陆军。

　　6 月 21 日下午，曼施泰因收到军部的命令，要求其于次日凌晨 3 时发动进攻。第 56 装甲军的任务是从梅梅尔河下游北岸地区出发，突破苏军边境附近的防线，任务是占领科夫诺以北通往德维纳河重镇迪纳堡的大公路。曼施泰因想为本军多要求1个装甲师，以突破对面相对薄弱的苏军防线，但为赫普纳拒绝。曼施泰因对此线路极为熟悉，"一战"时期他曾在此战斗过。

由于梅梅尔河以北地区森林密布，无法提供适应大规模部队展开的需要，攻击发起时，曼施泰因把第8装甲师和第290装甲师投入河北面的战斗，第3摩托化装甲师则仍在河的南岸南。最初的战斗进展得很顺利，苏军的边境警戒部队一触即溃，但很快，德军就遭遇了包括炮兵在内的苏军防线的阻击，奋战了一个上午，曼施泰因得以突破苏军防线，装甲部队迅速突进。

初次交锋，苏军给曼施泰因的印象是极深刻的，虽然苏联似乎并未如希特勒认为的即将发动进攻，甚至连有组织的抵抗都没有形成。曼施泰因军的一个侦察组被苏军俘虏后，全部被残忍截肢，这令他感到极为愤怒，觉得不得不对苏联人小心应付。

突破边境防线的曼施泰因需要迅速抢占前方杜比萨河的渡口艾罗加拉。杜比萨河沿岸地势陡峭，"一战"时期，曼施泰因所属的部队曾在此延宕了数月之久，因此，为了保证装甲部队的迅速突进，必须占领该河上的渡口。第8装甲师承担起这个任务，曼施泰因也随军先行，当天夜里，该师先遣部队已经占领渡口。第290师迅速跟进，第3摩托化步兵师于中午渡过梅梅尔河，向艾罗加拉南部移动。

由于当面苏军防守并不太强，且未组织起有效防御，这极大地刺激了曼施泰因再次进行大突击。在他看来，为了不给苏军组织防御的机会，必须紧跟苏军溃散部队，迅速突进。渡过杜比萨河之后，曼施泰因决定迅速向迪纳堡推进。与第 3 摩托化步兵师汇合后，曼施泰因率领其与装甲师一道，继续向前。

1941 年 6 月，"巴巴罗萨计划"开始阶段的德国陆军

6 月 24 日，曼施泰因占领维尔科米兹，切断了科夫诺敌军的退路，此时友军都还在近百公里的身后。曼施泰因马不停蹄，他一面要求第 290 步兵师迅速跟进，一面率领两个快速师沿着公路齐头并进，继续向德维纳河上的迪纳堡进发。步兵师和装甲师隔着一段距离，多少起到相互支援、防止陷入重围的效果。一路上，曼施泰因过关斩将，击毁苏军坦克 70 余辆和大量火炮，这个数字几乎占到了第 56 军坦克数量的一半，战果颇丰。

6 月 26 日早上，第 8 装甲师到达迪纳堡以南。曼施泰因让经过情报部门训练的德国人和立陶宛人，扮成受伤的苏军士兵，他们乘坐两辆被俘获的苏军汽车，混进了正在撤退的苏军运输队。一过桥，他们迅速破坏了苏军的岗哨，赶走了爆破人员，然后就地建立防线，成功地坚持到大部队到来。8时许，该师成功袭取德维纳河上的两座大桥，并迅速占领河东岸的阵地，战斗在迪纳堡市区打响。27日，第3摩托化师也在迪纳堡以南成功渡河。苏军被迫撤退，在走之前，他们放火烧毁了迪纳堡，烈焰焚毁了城堡。

进攻发起前，曼施泰因的部下们对能否完成任务颇有疑虑，担心装甲部队会陷入敌军包围，他们纷纷向曼施泰因探听消息。曼施泰因多少也有些疑虑，他向部下们言道："如果不能在四天内到达迪纳堡，敌人很可能会破坏渡口。"然而，就在接下来的四天时间里，他的部队突进300公里，顺利地完成了初期作战任务。

按曼施泰因的意思，在56军成功袭取迪纳堡并控制渡口后，集团军群应该将第41装甲军迅速前调，在保证迪纳堡安全的情况下，两军协同，继续向列宁格勒前进，以防止苏联方面建立稳固的防线。停下来的装甲部队，它的坦克只能成为敌人反坦克部队的固定靶，结局堪忧。

27日，赫普纳乘坐飞机抵达迪纳堡，他以其他部队落后太远为由，否定了曼施泰因继续进军的计划。他要求曼施泰因在迪纳堡建立防线，守住德维纳河上的渡口，等待第41装甲军和右翼的第16集团军的到达，但他并未向曼施泰因透露下一步计划，这令曼施泰因很是诧异。

在此后的几天，曼施泰因不得不以本来用于进攻的装甲部队，抵抗苏军的反突击。苏军甚至投入其坦克师，与德军展开坦克战，并不善于防御的装甲部队的防线频频告急，有时甚至后方的卫生所也被苏军偷袭了。在空军和地面部队的支援下，曼施泰因成功阻止了苏联空军轰炸桥梁的企图，击落了大量苏军战机。

7月2日，第41装甲军已经渡过德维纳河。划归曼施泰因军的党卫队装甲师也与大部队会合，曼施泰因终于得以如愿，该部队继续向前推进。

德国陆军元帅威廉·冯·勒布

但此时，在装甲部队的使用问题上，赫普纳、勒布与陆军总司令部发生了冲突，赫普纳作为装甲部队的一线主官，意见与曼施泰因基本一样，主张迅速向列宁格勒突击。但不太懂装甲部队战术的勒布则主张装甲部队应该通过前方的沼泽和森林地带，向列宁格勒东南的伊尔门湖前进，为后续的步兵师提供侧面掩护。一开始，陆军总司令部并没有明确的表示，最后在赫普纳的劝说下，布劳希奇同意了他的观点，哈尔德也未表示反对。

耽搁了将近一周之后，曼施泰因孤军深入已经不可能了，苏军的抵抗明显比一周之前更有组织、更有效率。

在希特勒的要求下，曼施泰因等着与第 41 装甲军会师后继续向东突击。曼施泰因接到的任务是沿着通往列宁格勒的交通线，依次向罗西滕、奥斯特罗夫和普列斯考进击。

7 月 3 日，曼施泰因攻占罗西滕。此时，情况突然发生了变化，上级命令赫普纳要求第 56 装甲军转而向东攻击，从谢别日和奥波奇卡等地突破"斯大林防线"，之后向正北移动，切断部署在普列斯考附近苏军装甲集群的退路。

"斯大林防线"是苏联为防备德国而建的，从 1928 年开工，到 1939 年才基本结束，全长 1200 余公里。曼施泰因眼前的这一段防线从佩普西湖南岸的普列斯考，经奥斯特罗夫、奥波奇卡，延伸到谢别日以南地区，设置有不少的永久火力点和暗堡。由于防线因地形而设计，各处的防御力量并不均衡，薄弱处极易被敌军突破，故在苏德战争中的作用并不大。

为了保证装甲部队的规模优势，曼施泰因不愿意放弃直接通往奥斯特罗夫和普列斯考的大公路。曼施泰因认为，苏军不可能在普列斯考附近集结有强大的装甲集团军群，即使有，上述绕行路线也是不可行的，因为在"斯大林防线"背后，是大片的沼泽地。两个装甲军应合兵一处，一同向奥斯特罗夫前进，但赫普纳对此置之不理。

事实证明，苏联确实意图在普列斯考组织大规模的装甲军，可惜时不可待，还未等到苏军将新运到的坦克装备部队，它们就被第41装甲军俘获，苏军遭遇重大损失。

曼施泰因军的脚步被沼泽地严重地迟滞了。出发后，第3摩托化师和第8装甲师试图通过奥波奇卡附近的沼泽地。第3摩托化师在前进的路上发现了一条极狭窄的土堤，但不幸的是，它并不足以供汽车通过，该师被迫撤回罗西滕，之后，赫普纳又命令它沿着第41装甲军的路线前进。

第8装甲师则相对幸运，它们发现了一条可以通过沼泽地直达"斯大林防线"的道路，但此路也已经被苏联摩托化师丢弃的车辆塞满，他们不得不停下来将其清理干净。刚走出沼泽的装甲部队又遭到"斯大林防线"上苏军的顽强抵抗，激战数日，第8装甲师才得以突破苏军防线。

党卫队装甲师的进军线路是各师中最好的，它们绕着沼泽边缘顺利突击到谢别日，但在"斯大林防线"前受阻，遭受重大损失。是役中，该师师长身负重伤，最后不治身亡。曼施泰因对此深表惋惜，即使在后来的回忆录中也提到，他仍将这支纳粹部队视作战友，对其在行进中的严明纪律和战斗中的悍不畏死给予了高度评价。这样的部队，尽管军事素质相对不足，但肯定会得到所有领兵将领的青睐。

更令曼施泰因痛心的是，如此勇于赴死的德国男儿却不能为陆军部队所用，转而被希姆莱等人糟蹋，长期无法得到高水平的军事训练，也无法得到优秀军官的指挥，经验不足的他们无法把握战机，为了一点点的战果不得不反复冲锋，很多兵士只能沦为炮灰。这无疑是德国陆军和整个德国的悲哀。

7月9日，经过一周的艰苦行军和作战，曼施泰因的部队和第41装甲军终于在奥斯特罗夫附近会师。曼施泰因想着这下总可以两军齐出，直奔列宁格勒而去了吧，于是他建议，应以第56装甲军出击卢加，第41装甲军直奔普列斯考，切断被第18集团军从波罗的海沿岸打退的苏军东归之路。同时，跟进的第16集团军则负责保护第4装甲集群的侧翼安全。曼施泰因大有做孤胆英雄之意。

赫普纳再次否定了曼施泰因的建议。依照之后出台的最高统帅部命令，由第41装甲军承担进攻卢加的任务，并负责切断西部敌军的退路；第56装甲军则再次走下干线公路，向东进攻，经波尔霍夫，沿着伊尔门湖的西侧东进，迅速攻占丘多沃，达到切断列宁格勒和莫斯科之间联系的目的。第56装甲军不得不孤身东进，等待他们的是成片的沼泽地和森林以及未知的命运。

希特勒仍然觉得不妥，他担心赫普纳的步伐太快，超出步兵集团军的支援范围。7月13日晚，希特勒召来布劳希奇，对他在军事指挥上的冒进问题进行了严厉批评。在希特勒的干预下，第41集团军的进军路线不得不偏离列宁格勒方向，改为沿着佩普西湖东岸北进，攻占沿海城市纳尔瓦。但希特勒的这一观点得到集团军群司令勒布的同意。但哈尔德私下里对希特勒干预作战指挥的行径相当不满。

与此不尽如人意的进军命令相比，更令曼施泰因不满的是，一直与他并肩作战的党军装甲师被抽出以充作装甲集群的预备队，停留在奥斯特罗夫附近，顶替它的是原先的第 290 步兵师；如此，第 56 装甲军的南翼将失去安全保护。由于没有更多部队调用，赫普纳希望曼施泰因以进攻代替防守，尽力避免陷入阵地战。但显然，第 290 师难以跟上全军的进军速度。

指挥作战的希特勒仍希望他们能夺取伊尔门湖地区。因此，在 7 月 9 日后的近一周时间里，曼施泰因不得不在波尔霍夫—德诺—西姆斯克一线艰难前行。

7 月 10 日，第 3 摩托化师攻占波尔霍夫，从城北出发向东推进。第 8 装甲师也随即出发，朝着伊尔门湖边的西姆斯克而去。之后的几天，苏军在第 8 装甲师的南部侧翼地区重新集结，并展开了数次小规模攻击，在有利地形的辅助下，他们给第 8 装甲师造成了不小的困难。到 14 日，德军击溃苏军的守城部队，占领索利齐。15 日，在曼施泰因的努力下，他的部队甚至成功突破到西姆斯克附近。

但曼施泰因的兵锋也就到此为止了。15 日清晨，苏军集中了数个装甲师，在步兵师、炮兵、航空兵的配合下，对第 8 装甲师展开了反突击，德军被阻止在索利齐以东地区。之后，苏军从南部对索利齐发起攻击，并成功夺回该城，曼施泰因和他的第 8 装甲师一道，被包围在索利齐城和姆沙加河之间的地区，一时难以脱身。同时，正在北侧向前推进的第 3 摩托化师，也遭到了苏军的反突击，被挡在小乌托戈尔什城附近。

在这之前，鉴于可能遇到的严峻形势，曼施泰因曾再次请求赫普纳迅速前调党卫队装甲师和仍处在波尔霍夫以西地区的第 16 集团军第 1 军，以填补第 56 装甲军前突后留下的防线空缺。还未等到赫普纳的答复，曼施泰因已然身陷重围。

其实，这与希特勒不顾战场形势，调离部队，实行分兵进击的战术有直接关系。在第 41 装甲军被派往攻占纳尔瓦之后，两个装甲军之间被大片的森林和沼泽地隔绝开来，无法实现相互支援，这给苏军提供了各个击破的可能，而一旦苏军成功，北方集团军群将很难再染指列宁格勒地区。

到 18 日为止，在数倍于己的苏军的围攻下，第 8 装甲师展开了艰苦的防御战，他们一度被分割包围，与后方的联系被完全断绝，不得不依靠空投获得补给。曼施泰因最后下令分散突围，突破苏军封锁后，第 8 装甲师得以在索利齐以西重新集结。

与此同时，第 3 摩托化师也遭遇困难：由于未接到撤退命令，他们不得不坚守阵地，苏军先后发起 17 次攻击，均未能突破德军防线。之后，苏军也无力再战，第 3 摩托化师得以后撤至德诺附近的高地，与第 8 装甲师和党卫队装甲师汇合。第 16 集团军的第 1 军也即将到达德诺，曼施泰因军终于从绝境中脱离出来。

从缴获的苏军文件中可以看到，苏联方面的数个师已经被击溃，苏军以数倍兵力，却久攻不下，可见此一阶段苏德两军之间在战力上还颇有差距。德军的化学迫击炮发挥巨大作用，它不仅可发射化学炮弹，也可用于发射液体燃烧弹，苏军受此损失不小。虽然如此，苏军一度以为歼敌在即，甚至提议进行一次小型庆祝活动。

此次战役德军损失也不小，第 8 装甲师几乎一半的坦克留在了包围圈内。

　　身处包围圈中的曼施泰因，终于有机会停下脚步来反思这大半个月来的进军策略了。他一度觉得自己可能太急躁冒进，太急于求成了，即使在失去两翼保护的前提下仍然没有放缓步伐。因为丢失化学迫击炮的绝密文件，曼施泰因受到最高统帅部的严词诘问，他回复称，这与作战部队毫无关系，苏军系从德军补给部队处获得。曼施泰因多少有些气恼，他向最高统帅部言道，以后他再也不会突入敌军防线超过100公里了。

　　此后，曼施泰因放弃了这种使用分散装甲部队进行长距离突击的战术，认为此种战术不但不能达到目的，反而会使部队在到达最终攻击目标之前就消耗掉大部分战斗力，他开始以超出一个装甲军军长的视野来思考北方战场局势了。他甚至主张在之后的列宁格勒突击作战中，主要使用步兵师，装甲师或者用于攻城作战，或可暂时调往中央集团军群所在地域，直指莫斯科方向。实际上，曼施泰因可能到此时才意识到希特勒所指定进军路线的盲目和难以实现。他的这种观点得到陆军总司令部首席军需长保卢斯的认同，但后者也仅是赞同而已，他也无力影响元首的决策。

　　尽管进攻受挫，最高统帅部仍不打算放弃原先夺取丘多沃的进攻计划。7月19日，赫普纳告诉曼施泰因，他的部队仍须向列宁格勒推进。但他们似乎也觉得装甲军不适合在伊尔门湖周围至列宁格勒一线作战，所以主动撤销了第56装甲军下的装甲师编制，还没焐热的党卫军装甲师再次脱离曼施泰因的指挥，第8装甲师因为损失颇大被留下作预备队，负责剿灭占领区内的苏军零散部队。第 56 装甲军被拆散了，已经不能称作"装甲军"了。

7 月 26 日，最高统帅部重组了第 56 装甲军，将第 269 步兵师和新调来的党卫队警察师配备给它，曼施泰因即将带着这两个师和之前的第 3 摩托化师，奔赴卢加战场。在那里，苏军已经调集了一个整编军驻守，并配有大量的炮兵部队和装甲军，苏军以逸待劳，一场恶战在所难免。第 16 集团军将为他们扫除通往卢加道路上的苏军部队。

8 月 10 日，第 56 集团军向苏军卢加阵地发起了攻击，由于没有配备坦克，苏军的步坦协同作战给曼施泰因制造了极大的麻烦，进攻中，党卫队警察师师长米尔施泰特将军阵亡。好在德军炮兵发挥出色，有效地遏制了苏军的炮兵部队。在付出惨重的伤亡之后，苏军的反突击被打退。双方在卢加附近鏖战五日，互有胜负。

好在曼施泰因终于等来了好消息，他可以告别这憋屈的战斗了。8 月 15 日，最高统帅部要求曼施泰因军放弃对卢加的攻击，将阵地交由兄弟部队接管，第 56 军则迅速向位于纳尔瓦附近的第 41 装甲军靠拢，两军协同，共同向列宁格勒进发。可惜的是，曼施泰因的手上已经没有可用于攻城作战的装甲部队了。

一大早，曼施泰因即从卢加出发，虽然路况不佳，但在 8 小时内，他的部队仍然向前突进了 200 公里，在傍晚时分即到达位于纳尔瓦以南 40 公里萨姆罗湖畔的军部。还没等他们喘口气，赫普纳即传来命令，让尚未达到攻击地域的第 3 摩托化师停止前进，第 56 装甲军后队变前队，立即回返德诺地区。次日，第 56 装甲军又向南运动了 260 公里。

在德诺以东，第 16 集团军下属第 10 军在伊尔门湖以南正有被包围的危险，该军在苏军第 38 集团军 8 个师和 1 个骑兵军的攻击下步步后退，防线即将不保，因此曼施泰因奉命前去支援。

被委以重任的曼施泰因希望能将第 8 装甲师划归他指挥，但来的只有党卫军装甲师。8 月 18 日，曼施泰因命令两个快速师隐蔽进入苏军左翼前的预定攻击区域。第二天清晨，第 56 装甲军全线出击，成功突破了苏军阵线，他们和第 10 军一起，击溃苏军第 38 集团军。斯大林不得不又调了三个集团军补防。

3 天后，曼施泰因达到伊尔门湖以南的洛瓦季河畔。令人意外的是，在这几天中，在沙地中蹒跚前进的德军步兵居然没有遭到过多的抵抗，反而是俘获了苏军大量的装备和人员。最令曼施泰因高兴的是，他居然在战利品中看到了苏军的多管火箭炮，这还是德军第一次获得这种武器的实物。令他哭笑不得的是，正准备将其运走的曼施泰因赫然发现它的轮子居然被人装在了自己的指挥车上。

击破苏第 38 集团军后，德第 56 装甲军和第 16 集团军一道东进。9 月 13 日，德军强渡波拉河，曼施泰因抵达杰米扬斯克城下。但这一段路可以说是曼施泰因在北方战场经历过的最艰难的行军路线了，不到 200 公里的距离，竟然耗去了将近一个月的时间。随着天气转而湿冷，曼施泰因的锐气似乎也被暂时冻结了。在波拉河上，曼施泰因的指挥车甚至遭到地雷的袭击，好在有惊无险，他和同伴们幸运地躲过了这致命一击。

致使曼施泰因行军缓慢的原因除了苏军越来越大规模有组织的顽强

抵抗外，希特勒和陆军总司令自战争开始关于进攻重点的争论也开始影响到前线将官。第16集团军司令布施支持陆军总司令部的主张，试图率军继续东进，占领杰米扬斯克以东的瓦尔代丘陵地区，以威胁加里宁乃至莫斯科；北方集团军群司令勒布则担心第16集团军过于突进会遭遇苏军重兵围剿。这大大影响了集团军下属各部队的部署，不提之前曼施泰因军被来回调动，这时，开始出现跨集团军群的调动——中央集团军群的第57装甲军参加北线作战，而曼施泰因军的第3摩托化师则被调往中央集团军群听候命令。

到9月16日，苏军方面前日被派来顶替第18集团军防线的3个集团军——第11、27和34集团军被德军击溃。但局部的小胜利仍难以掩盖德军在总体战略目标选择上的茫然无知。

曼施泰因则迎来了更大的调动，这次，最高统帅部不再是调离他的部下了，而是把他本人调离了北方战场。在9月12日大雨倾盆的晚上，曼施泰因接到命令，让他立即到南方集团军群报到，接任第11集团军司令。曼施泰因知道，他军人生涯的一个阶段即将结束了，他再也不能亲临前线率部作战了。

德军迅速迫使苏联投降的企图失败了，战争将进入相持阶段，胜利必须经过苦战方能获得了。

通往列宁格勒的道路上满是森林和沼泽，加之部队常常分散行动，这大大加重了曼施泰因指挥的负担。他常常和两个司机——纳格尔和舒曼、两名摩托车通讯员以及助理参谋施佩希特几人一起，乘坐通信车，往来于各个部队。他常常在早上处理完收到的报告之后，便乘车去视察部队，或到一线部队，中午则回到指挥所休息一下，下午则又去视察另外的部队。奔波一天后，找到指挥所的他，已是满面尘灰、疲惫不堪了。

曼施泰因将指挥所丢给参谋长，让他去应付上级，接听那让人烦不胜烦的问询和指手画脚，他自己则长时期在各前沿部队巡视，判断形势，以便不受干扰地迅速作出决策。

曼施泰因本人对衣食住行颇为注意，他在回忆录里花了大量篇幅记录了在行军途中的起居生活和各类见闻。

如今，苏联地区西部的环境完全无法与法国相比了，此地再无漂亮的城堡和可口的食物了，曼施泰因在此饱尝辛苦。即使发现些小木屋，也常常布满虱子和爬虫，难以入住。为了宽慰疲劳的身心，曼施泰因和施佩希特尽可能地将他们合住的小帐篷搭在河、湖边上，以便晚上能好好地洗去满身的倦怠。这时候，如果能发现小仓库，在面包和黄油之外，找到些烤鸭或美酒，那将令他们回味数日。生活中不经意的小幸福在战时往往会被无限放大，尤其是在战事不利的情形下。

苏联境内很多地区没有开阔的道路，德军常常得行进在茂密森林里的小道上，两边都是灰色的树木，这甚至使扬起的尘土都无处飘散，浮起数丈之高，完全遮蔽了林间这一狭小的通道。闷热、无风、多灰的空间下，德军士兵的脸上常是带着灰蒙蒙的尘土，而身上则因长时间汗湿不能洗澡而恶臭难闻，此时，即使被一场大雨淋湿衣服也让他们觉得无比舒心。如果此时碰到苏军抵抗或森林大火，情形将更加难堪。单调的色调多少使得德军士兵的情绪一度非常消沉，好在路过的运输兵们常常能带来前方胜利的消息，才勉强地激发起步兵们继续奋战的意志。

一次，曼施泰因跟着第3摩托化师慢慢行进在这样的小道上，由于能见度极低，尽管各人都保持小心，但他们很难看清五米外的事物。突然，部队停了下来，待尘土散尽，德军军人都愣住了，他们赫然发现在前面不远处停着两辆苏军装甲车，敌对的双方静静地同行了很长一段距离却都未发现对方。此时，苏军也认清了身后的形势，两车急忙夺路而走。

苏军在战争初期的表现也令曼施泰因感到奇怪。很多苏联士兵似乎缺乏战斗到底的决心，常常是德军一出现，他们就慌忙逃离阵地。此时，如果碰到一个负责的政委，可能会把临阵脱逃的官兵们一个个赶回到阵地上，更坏的情况是，政委本人也时常出现在逃跑的队伍里。有些苏联部队的士兵死战不退。如果他们获得德军俘虏，不时对其施以残暴手段，这令听闻此事的德军士兵脊背发凉。

虽然在开始的三周内，苏军由于仓促应战而丧失了大片的领土，但由于德军采用装甲部队突袭战术，反而使苏军虽被打散，但并未遭受重大损失，他们被迫丢弃了很多重型装备。

以曼施泰因的第56装甲军为例，据7月10日的战报统计，自占领迪纳堡以后，面对苏军的堵截，已经击溃4—5个苏联步兵师、1个装甲师和1个摩托化师。此外，第56军装甲共俘虏千余名苏军官兵，缴获60架飞机、300余门火炮、200余辆坦克和600多辆军用汽车。仅从此数据上也可看出，德军歼敌数量有限，苏军部队损失不大。

"巴巴罗萨计划"期间被俘的苏军士兵

　　相对来说,与西线作战相比,在东线北翼,数量仍显不足的德军装甲部队并不能完全发挥出闪电战的精髓,受困于步兵机动性相对不足的缺陷,德军在苏联境内不得不走走停停。德军往往以步兵打开敌军防线缺口,然后装甲部队从缺口处快速突入,步兵则扫荡残敌,在这期间将步兵甩出老远的装甲部队,不得不停下来耐心等着步兵的再次跟进。不过由于苏联战争初期准备不足,德军的这种战术倒也一度取得了极大的成效。

　　随着战线的东移,德军进攻的正面区域越来越宽,希特勒试图停下来先行消灭波罗的海国家地域内的苏军,这使得装甲兵突袭战术陷于失败。

　　这种作战方式让惯于快速突击的曼施泰因难以充分施展自己的绝技,后来的曼施泰因老是扮演救火队员的角色,这也与其进攻风格不适于战场形势有关。

相关链接：

化学迫击炮

化学迫击炮出现于"一战"时期，英美都早已开始使用，其所用炮弹有毒剂弹、烟幕弹、烧夷弹，等等，与严格意义上的毒气弹稍有差别，成为欧美步兵部队的重要配属武器。以 35 型烟幕弹投射迫击炮为例，该炮由莱茵金属公司生产，炮身重达 103 公斤，身长 13 米，口径为 105 毫米，最大射程 3000 米，1941 年停产。后陆续有改进型号。

北线战场上，在索利齐附近的战役中，德军开始使用这种化学迫击炮。苏军的指挥官是与曼施泰因有一面之缘的伏罗希洛夫元帅，他为此向曼施泰因提出明确抗议，要求德军停止使用此类化学武器，否则苏军也将投掷毒气弹。此种武器的文件被苏联获得后，曾被用来攻击德国军队，表现其凶残和毫无人性；后为苏、美等国相继仿制并装备部队，美国在朝鲜战场上曾多次使用。

/ 克里木战役 /

早在 1941 年 7 月 16 日，古德里安的装甲部队已经占领了奥尔沙—斯摩棱斯克。8 月 5 日，斯摩棱斯克包围圈里的苏军投降，三十万苏军被俘。到 9 月初，中央集团军群的初期任务基本完成，占领斯摩棱斯克后，德军距离莫斯科只有 400 公里了。

第 11 集团军上任司令朔贝特阵亡了，他乘坐的联络飞机误降苏军雷场，飞机当场爆炸，朔贝特和机组人员全部死亡。朔贝特，全名欧根·里特尔·冯·朔贝特，1883 年出生于巴伐利亚。"二战"爆发时任第 7 军军长，先后参加波兰战役和法国战役，1940 年 7 月晋升大将，10 月，升任第 11 集团军司令。

第 11 集团军以步兵师为主，苏德战争爆发时，它部署在罗马尼亚，隶属龙德施泰特的南方集团军群指挥。司令部成员除朔贝特之外，还有参谋长韦勒上校，作战处长布塞（后晋升为将军，并担任南方集团军群参谋长）

以及军需长豪克（后亦晋升将军，与曼施泰因保持了长期联系），这些人在之后很长一段时间里成为曼施泰因的重要助手。

南方战场以部署在波兰的左翼军团为主力，率先进入乌克兰，从北面对乌克兰地区的苏联军队实现半包围，然后，第11集团军等即从罗马尼亚出发，围歼苏军。在他们的正面，苏军部署了西南、南方两个方面军，兵力数量超过另外两个战场的总和。第11集团军和罗马尼亚第3、4集团军一道，归属罗马尼亚元首安东内斯库指挥。

德军从1940年开始就逐步进入罗马尼亚。早先是在苏联的支持下，匈牙利和保加利亚两国对罗马尼亚提出领土要求。罗马尼亚的普洛耶什蒂油田是德国人重要的石油来源地，为了保证石油产地的安全，德国人不得不对苏联妥协。8月30日，在德国人保证罗马尼亚将来免遭他国入侵的情况下，罗马尼亚同意签署《维也纳仲裁书》，满足匈牙利和保加利亚的部分领土要求。

随后，德军即以帮助罗马尼亚改变和训练新式军队为由，陆续进入该国。"一战"后，德国陆军投降，法国陆军的军事思想在东欧大行其道，罗马尼亚、甚至苏联都深受其影响。德军进入罗马尼亚后，虽然开始将其军事思想在该国传播，奈何时间太短，成效不大。加之战争开始后，罗马尼亚军队是作为从属国军队跟随德军战斗的，其指挥权仍牢牢握在国家元首安东内斯库手中。

战争开始的一周时间内，第11集团军都停留在原地待命。

1941年7月1日，第11集团军在朔贝特率领下进入乌克兰，向德涅斯特河移动。由于对面苏军握有强大的装甲部队，自己又无空中支援，加之天热多雨，朔贝特的步兵和罗马尼亚人的骑兵部队推进的速度极为缓慢，每天不过 10 余公里。此后的两个月时间里，德军以团为单位在乌克兰大平原上单独前进。由于补给困难，部队不得不在小心避免伤亡的情况下，尽力节约弹药，在苏军的袭击下甚至时常无法与师部取得联系，茫茫的草原给他们一种渺无际涯的压抑和无助感。

8 月初，在龙德施泰特的指挥下，第 11 集团军参加了对五一城—乌曼一线附近苏军南方方面军的包围作战。8 月 8 日，苏军 10 余万人投降。到 8 月底，德南方集团军群几乎将苏军全部逼出第聂伯河河口西岸。赫鲁晓夫当时正在该战区任政治委员，虽然遭遇失利，但其职位未动。

我们知道，希特勒从一开始就看重苏德战争的经济效益，他试图在南北两翼率先取得进展，占领波罗的海和乌克兰地区的油田。现在南方战场初期取得胜利，但克里木到距离乌克兰和罗马尼亚的油田区极近，时刻威胁两地区的石油生产，攻占克里木岛势在必行。为此，希特勒不顾陆军总司令部的一再劝告，8 月 21 日，他做出了最后裁定，命令中央集团军群的装甲部队一部迅速南下，威胁克里木和顿涅次盆地。

9 月 20 日，在中央集团军群装甲部队的配合下，德军攻陷基辅，招降苏军 45 万，基辅以东河曲地区归德军所有，苏联西南战区部队溃灭，德军顺势渡过第聂伯河继续东进。

曼施泰因是在 9 月 17 日赶到第 11 集团军司令部驻地的，它位于第聂伯河以西的布格河河口的尼古拉耶夫。他没有赶上朔贝特的葬礼，这是在他到达的前一天完成的。曼施泰因率领着装甲部队在北方的森林和沼泽地穿梭了几个来回的，一见乌克兰南部这广阔无限的大草原，既无大的河流，也无障碍物，深感时不我待，可叹自己现在只能带着个步兵集团军慢慢移动了，他很可能还未忘记战争开始时那一天10公里的进军速度。习惯带领装甲部队的他，面对即将应对的阵地战，心中不知是喜是悲。

第11集团军已经划归南方集团军群指挥了，此外，罗马尼亚第4集团军也受其节制，安东内斯库现专门统帅其第3集团军，但他们此时还在尼古拉耶夫以西的奥德萨附近，德军前锋9月初就已经渡过第聂伯河了。

尽管后来曼施泰因对安东内斯库的印象还不错，但他仍然对两国军方高层这样的协调结果不很满意。罗马尼亚军队从前一年已开始接受德军训练，但由于其士兵多出身于农民家庭，虽然善于服从命令和坚守阵地，但是由于其多数受教育水平不足，很难在战场上随机应变地处理突发情况。

同时，罗马尼亚军官与士兵的关系依然不如德国军队，他们对士兵动辄体罚惩处，缺乏德国军队里相对平等和善的官兵关系。军需品和伙食供应都是自上而下按等级分配的，当师部军官在品尝美酒、巧克力的时候，甚至还有香烟的供应，普通士兵的日常菜汤却是难以下咽的，这使得很多有德意志血统的罗马尼亚士兵更亲近于德国军队。

罗马尼亚的军队训练不足，装备残缺，甚至在心理上对苏联人也有一种畏惧感，这使得他们常常在苏军装甲部队面前一败涂地，伤亡惨重。他们的目的仅在恢复被苏联占领的领土，而不敢对苏联本土染指更多。这些状况在深入苏联之后，表现得更为突出。

为了保证罗马尼亚军队能发挥其常规战斗力，德军除在作战中经常为其提供支援外，还在罗马尼亚军队的师、旅及以下单位都设有联络组，加强双方的沟通协调。在安东内斯库和其第3集团军司令杜米特雷斯库的配合下，德、罗两军之间并未出现大的不愉快。

以装甲军军长的职位直接升任为集团军司令，可以说是希特勒对曼施泰因在北线作战中突出表现的嘉奖，或许也有龙德施泰特的因素在内。但毕竟第11集团军是一个步兵集团军，又将担负在黑海沿岸单独作战的重任，集团军司令部的成员们对这位坐直升机上来的普鲁士人还是存有颇多疑虑：曼施泰因到来前的集团军战时日志上被用纸粘住了一段，后来呈送给他检查的时候他也未曾留意。这个纸条在战后审判时被法官揭开，发现有下面这样一段话："集团军将会调来一位新司令。他出身于普鲁士贵族家庭，可能不太好相处。但鉴于他以往的光辉战绩，想来与他坦率交流应该还是不成问题的。"可见，虽然集团军参谋长韦勒的这段话肯定了曼施泰因的军功，但对其个人印象还是有一些保留的。

曼施泰因接手第11集团军时，最高统帅部赋予其承担黑海沿岸作战的重要任务，主要目标有两个：一是沿着黑海，随南方集团军群的右翼部队迅速东进，也要求他们集中主力部队，朝目的地顿涅次河以东的罗斯托夫地区前进；二是为了保卫整个战线的右翼安全，并避免罗马尼亚和乌克兰占领区内的石油和工业设施暴露在苏联从克里木岛起飞的轰炸机的威胁之下，何况苏军在黑海还握有制海权，因此，攻占克里木岛势在必行。同时，如果能攻占克里木，很可能能将土耳其吸引入德国阵营。

这个集团军的具体任务如下：

第30军，军长为冯·扎尔穆特将军，下辖第72步兵师、第22步兵师和1个党卫队近卫师。第49山地军，军长为屈布勒将军，下辖第170步兵师，还有第 1、4 山地旅。两军的任务是追击黑海北部的苏联撤退部队，并威胁顿涅次盆地和斯大林格勒。

第 54 军，军长为汉森将军，下辖第 46、73 两个步兵师，任务是扼守通往克里木岛的彼列科普地峡，伺机向克里木本岛发起进攻。

但由于苏联至少在克里木岛上部署了 1 个集团军的兵力，单靠第 54 军的兵力，显然难以完成此项任务。

此时的德军试图以 1 个集团军的兵力实现两项任务，虽然还有罗马尼亚人的配合，但其兵力不敷的困难已经初步显露了。两大任务虽然都足以充分展示曼施泰因的指挥才能，但若要双管齐下，怕是难度不小，在这偏远的南线，最高统帅部赋予的那点便宜行事的自由，多少又让曼施泰因心中升起丝丝巧妇难为无米之炊的苦楚来。

为完成此两项任务，9 月 21 日，集团军将指挥所前移至克里木岛北面的新阿斯卡尼亚，就近指挥作战。阿斯卡尼亚原为苏联的集体农庄，苏军撤走之前焚毁了农具和谷物，突击而至的德军只能对苏军的这种坚壁清野徒唤奈何了。

阿斯卡尼亚附近的草原被划为了禁猎区，里边生活有各种野兽。走在禁猎区内，曼施泰因自己也仿佛身处战场之外似的。此外，禁猎区还设有一个动物饲养基地。集团军司令部的人显然对这里也是极为喜爱。

但苏军显然不愿令德军轻松惬意，他们在可能被德军作为司令部的地域内装有定时地雷，德军和罗马尼亚的 1 个司令部都遭到过这种地雷的袭击。刚到阿斯卡尼亚的曼施泰因也加强了对司令部所属地域的探测，但并未有什么发现。

大陆和克里木岛之间有两条地峡相连，西边为彼列科普，东边为格尼切斯克，两段地峡之间是一大片浅海和盐碱沼泽地，水浅难以适应水面突击。格尼切斯克地峡极为狭窄，仅能容下一条公路线和一条铁路线，在苏联握有制海权的情况下，不足以作为进攻进路。西边的彼列科普地峡则有7公里宽，即使在这段地峡上，也还有不少的小型咸水湖，虽然仍然会暴露在苏联海军的攻击之下，但好歹提供了足以展开兵力的正面。不利的局面是，苏联军队已经在地峡构筑有坚固的工事，以逸待劳，正在等着德军的进犯。

为了不给苏军在克里木提供太多的经营防御工事的时间，并使德军后方从其威胁中解脱出来，曼施泰因需要尽快占领该岛。先期预备向东追击的两个军是不能往下撤了，必须在剩下的部队里打主意。为此，曼施泰因将集团军预备队里所有的炮兵、工兵和高炮部队配属给第54军，并将还在奥德萨附近的第54步兵师迅速前调，作为第二次攻击的主攻部队。此外，党卫军近卫师作为预备队也被部署在54军的身后。同时，征得最高统帅部的同意，另外的两个山地师将随后从南翼草原地区调入。曼施泰因一度与杜米特雷斯商谈，希望罗马尼亚第3集团军能迅速往前调。总体看来，这样的兵力可能足以突破彼列科普地区的苏军防线，但若想要攻占全岛，还须再加派兵力。

尽管为了应付克里木的战斗，向东突击的两个军不得不分出部分兵力协助防守东部格尼切斯克地峡和咸水湖地区，但曼施泰因还是在追击战中获得了不小的胜利。

与罗马尼亚人协商取得了效果，随后，罗马尼亚第3集团军迅速渡过第聂伯河，为了加强罗马尼亚军队的攻击力，曼施泰因将两国军队进行了混编，部署在亚速海北部梅利托波尔以西地区。

到 9 月 24 日，第 54 军的进攻准备工作业已完成，率先向彼列科普的苏军发起攻击。在强大炮火的支援下，德军一步步克服苏军在盐碱草原上设置的纵深防线，苏军顽强抵抗，绵延 15 公里的防线一度削弱了德军的进攻势头，苏军乘此发动了大规模反突击，可惜未能奏效。9 月 26 日，经过两天的艰苦作战，德军占领彼列科普。3 天后，苏军地峡防线被全面贯穿，苏军继续向南撤退，1 万余人被俘。

只要再突破地峡南端的狭窄地域，德军就可进入克里木岛的宽阔地带，而到那时，苏军也将加大正面进攻的部队数量，德军需要增加兵力投入了。可就在此时，战局发生了细微的变化。

首先是部署在第 54 军背后的党卫队近卫师被调离，无法参与攻占克里木的行动。同时，苏军在看破德军意图攻占克里木岛的意图之后，苏军又在梅利托波尔投入两个集团军，并发起大规模反突击，成功地突破了德军防线，德军一个山地旅被完全击溃，武器辎重被迫尽数丢掉。原本计划调往地峡地区的两个山地师不得不迅速调回弥补防线漏洞，克里木攻击计划被迫延迟。

之后，两个苏联集团军又对当面的德军发起轮番进攻，曼施泰因集团军的防线一度告急。德军自己负责的部分尚能支撑，最大的问题出在罗马尼亚军队的防区内。9 月 29 日，配属给德军第 30 军的罗马尼亚骑兵军的一个旅擅自撤退，曼施泰因亲赴现场加以阻止，为了稳固防线，他又增调党卫军近卫师来加强防守，勉强抵挡住苏军的进攻。当天，曼施泰因不得不领着一个小型司令部尽力向前线靠近，以此来鼓舞德军士气。

好在这样的困难并未持续很长时间，苏军由于急于救援克里木岛，加大了对曼施泰因集团军的进攻，这使得苏军在其右翼前方的第聂伯河渡口处留下了极大的缺口。此前，曼施泰因就曾向尚在第聂伯河以西的第1装甲集群司令冯·克莱斯特建议，希望其可以前出威胁苏军的北翼。10月1日，克莱斯特行动了，苏军的压力骤然增大，开始逐步退却。同日，曼施泰因也下令第30军和罗马尼亚军队迅速转入进攻。2日，苏军两个集团军在梅利托波尔以东地区被围歼，6.5万人被俘。被曼施泰因称为"亚速海会战"的战斗总算结束了，他可以专心致志地思考克里木岛的局势了。

此时，曼施泰因手上的可用之兵又有减少。屈布勒的第49山地军和党卫队近卫师被划属第1装甲集群。罗马尼亚第3集团军由于在之前的战斗中损失颇大，现也划归安东内斯库直接指挥，负责黑海和亚速海沿岸的防御。能用于克里木攻击战的只有第30军和第54军大部，这点兵力如同在之前的战斗中一样，可能仅能与苏军僵持而已。

为此，曼施泰因以集团军司令部的名义向最高统帅部陈情：攻占克里木岛进军高加索地区的先决条件，为保卫高加索地区，苏军也必将拼死力战，绝不后退。如此，以德军目前的兵力显然难以完成夺岛任务，希望能增调一个整编军的兵力听候调遣。希特勒听后，立即调派第42军以及第132师、24师前来助战。这一来一去，德军直到10月中下旬才做好攻击准备。

在岛上，苏联人部署了8个步兵师和4个骑兵师，以及从奥德萨撤出的5个步兵师和2各骑兵师，并配有若干空军部队；而在最初的一周时间内，德国方面却无法得到空军的丝毫支援。

德军需要首先突破苏军在彼列科普和克里木本岛之间的地峡、咸水湖交错地带构筑的防御工事。这一区域更为狭窄，德军不得不分兵作战，初期仅投入第 54 军一个军的兵力参与攻击。

身处毫无遮蔽的草原，德军不得不冒着苏军猛烈的炮火，一面抵挡进攻，一面为人、马和各类装备修筑掩体，曼施泰因为此头疼不已。苏军飞机持续不断地在空中进行猛烈扫射，德军高炮部队被压制住了，难以有效还击。曼施泰因不得不继续寻求空中支援，直到战斗的最后几日，德国的空军英雄——默尔德斯上校率领其歼击机中队赶到，可在白日为进攻部队提供空中支援了。

10 月，连绵的阴雨极大地阻碍了部队的推进，好在时而出现的大雾多少为德军部队的向前插进提供了掩护。尽管如此，到 10 月 25 日前后，第 54 军已经到达崩溃的边缘了，很多精锐的师、团已经伤亡殆尽了，而新补充的士兵的战斗意志难以和老兵比拟。曼施泰因别无他法，只能不停地前往各部队慰问，望他们能做最后的坚持。10 月 28 日，在 10 余天的艰苦作战之后，苏军的防御宣告崩溃，德军顺势进入开阔地带，展开追击行动。

克里木岛呈不规则的十字形，东部的刻赤半岛向前远远探出。克里木岛的南部为贾伊拉山，海拔 2000 余米，首府辛菲罗波尔即位于贾伊拉山下，穿过该市的大公路东连刻赤半岛，西达塞瓦斯托波尔要塞，往北则有交通线通往苏联腹地。

曼施泰因追击计划的总原则是：尽快切断苏军退路，并防止苏军进一步建立巩固防线，彻底歼灭全岛苏军。苏军极有可能撤往半岛东部的刻赤和西南端的塞瓦斯托波尔要塞，曼施泰因的计划是：为防止苏军部分集群撤往刻赤半岛，以新到的第42军的三个师为主力，迅速向刻赤方向前进，争取在苏军之前抢占港口城市费奥多西亚，阻止苏军渡海逃跑。

集团军主力则全力向南，以第30军快速攻向首府城市辛菲罗波尔，以免苏军有时间建立阵地；另以第54军向塞瓦斯托波尔要塞追击，并切断要塞通往辛菲罗波尔的公路。

曼施泰因请求派遣快速师，未果，他甚至把集团军所有的快速部队整编起来，成一混成摩托化旅，希望以其能奇袭塞瓦斯托波尔要塞，后因苏联要塞兵力补充迅速而被迫放弃。

曼施泰因的计划最得以顺利实现。11月15日，刻赤半岛被德军占领。第二天，曼施泰因结束追击，虽然塞瓦斯托波尔要塞还在苏军手中，但德军已在其东面部署重兵，克里木全岛尽归德国人所有。在近一个月的攻坚战和追击战中，德军战果颇丰，苏军20万人中，至少被击毙2.5万人，10多万人被俘虏，除了少部分苏军逃往高加索外，其余的都在塞瓦斯托波尔要塞里据守。另外，德军还缴获坦克160辆，火炮700余门。

为了攻克塞瓦斯托波尔要塞，摧毁苏军在克里木岛最后的海军基地，曼施泰因将集团军司令部迁往辛菲罗波尔郊外的一个村庄，就近指挥此次攻坚战。由于短时期内无法占领此要塞，曼施泰因的司令部就在这里长驻下来。

克里木岛本是沙俄时代的流放地，虽然苏联在岛上刻意经营，但原住民鞑靼人对其一直抱有敌意，他们对德国人的到来持欢迎态度。德国人也帮助他们建立自卫队，以防止苏军游击队的骚扰。

之前曼施泰因随军在北方森林和草原地带穿梭，看惯了灰色单调的景致，在风景如画的克里木岛上的十个月时间成了他在苏德战争期间一段奇异的时光。在即将到来的冬季里，他不用像自己的北方友军一样在冰天雪地里安营扎寨，农庄小屋里暖暖的火炉一直烧到春天。

自从在辛菲罗波尔住下来之后，曼施泰因少有外出的机会，时常为着进攻部署和后勤保障等问题与上级部门以公文往返，每日重复着同样的工作，不断制造和平息着各类笔墨官司，大有不胜其烦之感。

定居下来之后，占领军与当地居民的关系也需要慎重对待。陷入持久阵地战的德军上下多少都有点躁动了。尽管曼施泰因对那些经过浴血奋战的士兵们充满着爱护，但对他们严重的扰民之举，如强奸妇女、强抢财物的行为，他是绝不姑息的。不过，他对那些因为各类原因擅自脱离阵地的士兵们，他总是给他们改过自新的机会，这样的举措取得了极好的效果，很多人都能戴罪立功，甚至最后战死沙场。

但他的主要精力还是放在如何设法攻占苏军在克里木岛最后的据点——塞瓦斯托波尔要塞这一问题上。当然，最好是尽快发动攻击，因为在很短的时间里，苏军在要塞里已经集结了9个师的兵力，这迫使曼施泰因尽快集中部队，他甚至冒险从刻赤地区调来了两个师的兵力参与进攻，而此时德军的沿海防务体系并未建立起来，难以阻挡苏军可能的登陆行动。

塞瓦斯托波尔城是克里木半岛最重要的港口城市，具有重要的战略价值，该城的要塞化开始于19世纪中期的克里木战争时期。出于地形方面的考虑，苏军将该城的防御重点放在了该城外缘的北侧，南侧由于易守难攻，所以并未刻意经营。在北侧海湾地区，苏联建有 12 个永久性的要塞群，配以重炮进行防守，弹药库和交通线等设施一应俱全；而南侧只有 3 个要塞群和一些前沿辅助工事。

要想攻占这个要塞，首先需要切断苏军从海上不断的物资和人员补给通道，截断苏军部队与港口的联系，所以曼施泰因将进攻目标定在要塞北部的港口区，而要塞南部由于位于山区，地势险要，只能先图稳，尽力牵制苏军兵力，然后逐步建立包围圈。

曼施泰因将部队进行了重新整编：

第 54 军负责从北部和东北部实施攻击，其下辖第 22、132、50 和 24 四个师，为压制苏军火力，该军还配有集团军大部分的重型火炮。

在南部实施佯攻的第 30 军则由第 72 师，还有从刻赤来的第 170 师和罗马尼亚山地旅等部队组成。

集团军的预备队为从刻赤调来的第 73 师。

时间对第 11 集团军极为重要，为了在苏军援军到来之前攻克该要塞，曼施泰因将攻击日期定在当年的 11 月 27 日或 28 日。

但是还没等他的计划付诸实施，计划就已经被打乱了。早在完成"亚速海会战"之后，克莱斯特的第 1 装甲集团军即集中燃料，直接朝着罗斯托夫前进。为了保证克莱斯特的行动取得进攻的胜利，希特勒要求其北侧的第 17、6 两个集团军迅速跟进。但是由于天气原因，直到 14 日，克莱斯特仍在塔甘罗格地区徘徊，两个集团军也未能迅速跟进。10 月 17 日，克莱斯特攻克塔甘罗格。

在龙德施泰特集团军群的正面，有苏联西南方面军和南方方面军的 9

个集团军，由于南翼的克莱斯特进展过快，中部的第 17 集团军和北侧的第 6 集团军被甩到了遥远的哈尔科夫。为了支援克莱斯特，龙德施泰特命令全军出击，赖歇瑙的第 6 集团军却以后勤供应不足为由不肯再动，第 17 集团军也在赖歇瑙的右前方停下来。11 月 5 至 8 日，克莱斯特鼓足余勇，将罗斯托夫北面的苏联第 9 集团军向东逼退 30 多公里，然后，第 1 装甲集团军迅速南下，于 16 日猛攻驻扎在罗斯托夫的苏第 56 集团军。在零下 20℃的天气下，连地面也被冻得极为坚硬，挖掩体都得用炸药，虽然很多带队长官都不主张攻击这个易攻难守的城市，没有撤退命令的克莱斯特却不敢停下来。在之后的几天，尽管苏军 T34 坦克给德军反坦克部队造成巨大损失，但德军还是稳步前进。11 月 20 日，罗斯托夫被德军占领。

但战斗还远未结束，在铁木辛哥率领下，苏联集中 4 个集团军的兵力，意图在罗斯托夫吃掉克莱斯特的装甲集团军。苏军于 11 月 17 日发起进攻，试图切断德军亚速海以北的补给线。由于另外两个集团军已经无法赶到罗斯托夫附近提供支援了，本就不同意冬天进攻罗斯托夫的龙德施泰特在得到陆军总司令部的批准后，下令全军撤退到塔甘罗格以西地区待命。11 月 28 日，克莱斯特率部撤出罗斯托夫。

在此之前，面对罗斯托夫地区的克莱斯特有可能被包围的这一情况，龙德施泰特曾希望曼施泰因能分出两个师的兵力参与对罗斯托夫的防御。这让本来进攻兵力就捉襟见肘的曼施泰因犯难了，经过几番交涉，曼施泰因只得同意把本打算留作攻击行动北部预备队的第 73 师调走。

1941 年 12 月，苏联红军士兵押送在大反攻中被俘的德军

10 月底，整个苏德战场的德军几乎全线陷入停火状态。尤其是莫斯科前线，在整个 10 月的一个月时间里，他们已经消灭了 70 多万的苏军，莫斯科城已经近在眼前。但恶劣的天气，湿滑的地面，彻底限制住了德军装甲部队的机动能力，重型武器也难以运到前线，后勤补给也出现了巨大短缺。10 月 31 日，德军下令停战两周，静待冬季的到来。

与北方战场相似，曼施泰因集团军的后勤补给也遭到了北方大陆阴冷天气的影响，能到达克里木岛前线的补给只有平日的两成左右。此时身处地中海气候区的克里木岛已经进入了湿冷的季节，成天的阴雨不仅极大地加大了行军的困难，这使运输车辆的损耗增加，经常得停下来进行紧急维修。即便如此，到 11 月 17 日，集团军运输纵队的车辆耗损率已达到 50% 以上。

在这种情况下，显然已经难以按时完成进攻准备了，曼施泰因不得不将进攻计划顺延三周，进攻定在了 12 月 17 日。可能整个集团军都没想到，这一延迟差些彻底葬送掉自己的性命。

　　虽然没有了预备队，曼施泰因还是决定冒险一试。12 月 17 日，北部和南部的德军同时对塞瓦斯托波尔要塞发起进攻。进攻发起后，德军北翼的第 22 师和 132 师进展尚属顺利，成功突破北部的谷地，向谷地南岸的要塞发起进攻。但是东北翼的第 50 师和 24 师的进攻，由于受到地形和苏军碉堡的阻隔，一时难以奏效。狭窄的突破口一度使北翼两个师的攻势无法完全展开。12 月下旬，天气转冷，德军在经过 10 余日的战斗后，虽然已经接近谢韦尔纳亚湾北岸的堡垒区，但缺乏预备队补充的他们已经无力再战了。

　　但是这时一个惊人的消息传来了：苏军的两个集团军在克里木东部的刻赤和费奥多西亚港口登陆了。但是曼施泰因觉得塞瓦斯托波尔要塞的威胁要大得多，他以为苏军只是在进行一次牵制性作战，不用担心。所以他一面要求驻扎在刻赤的第 42 军军部及其第 46 师坚守待援，并令南部的第 30 军停止进攻，其第 170 师迅速回援刻赤半岛；一面则在第 54 军的支持下，坚持要拿下谢韦尔纳亚湾后再行撤退。但腹背受敌的各部队在经过两天的苦战后都表示已无力取胜了。曼施泰因无法再勉强坚持，况且半岛东部局势已经急剧恶化。

　　12 月 30 日，曼施泰因以集团司令部的名义，请求集团军群和希特勒同意停止对要塞地区的进攻，以先行对付东部登陆的苏军。正在组织集团军后撤的龙德施泰特同意先行撤退，但是没想到希特勒却要求曼施泰因必须原地坚守，不准有任何撤退行动，曼施泰因不得不抗命，率军撤回要塞北部山谷的右岸高地。

苏军的行动绝不只是一次牵制性作战，斯大林试图以两个新增集团军的兵力，配合要塞地区的兵力，争取全歼曼施泰因集团军。斯大林将这次作战视为扭转南线战局的重要步骤，将之命名为"斯大林攻势"。

12月26日，苏军两个师试图在刻赤地区登陆。驻守刻赤的德第42军军长冯·施彭内克伯爵将军虽然已经成功阻止了苏军的登陆行动，但仍请求曼施泰因准其撤往刻赤半岛西段，将苏军封锁在半岛地区。但曼施泰因显然不愿在东部再出现一个塞瓦斯托波尔要塞，故严令第42军坚守，并令正在清剿苏军游击队的罗马尼亚第4山地旅和半岛东部的罗马尼亚第8骑兵旅，迅速增援费奥多西亚，还未来得及调出的第73师和第213加强步兵团，也迅速向费奥多西亚前进。

12月29日夜，苏军在其海军的掩护下，击溃费奥多西亚的德国守军，成功地登陆。12月30日，得知费奥多西亚已被苏军夺回的施彭内克下令第46师撤回克里木本岛，听到这一消息的曼施泰因再次严令第46师必须肃清刻赤附近的苏军登陆部队，坚守待援。但施彭内克关闭电台，不再与集团军司令部联络，径自撤退。听到这一消息的曼施泰因极为愤怒，立刻撤销了施彭内克的职务，由原第72师师长马腾克洛特接任。

事后得知，苏军在刻赤登陆的部队并不多，第46师是有可能守住阵地的。尽管施彭内克擅自撤退，曼施泰因认为也是情有可原，曾向最高统帅部陈述施彭内克的历次战功，请求从宽处理，但被希特勒驳回；后由军事法庭将死刑改为终身监禁，1944年，施彭内克被秘密处决。

为了防止苏军大规模登陆费奥多西亚，曼施泰因寄希望于刚赶到该城外围的罗马尼亚军队能实施些许牵制，避免苏军迅速推进。没想到的是，两个旅的罗马尼亚军队居然直接被苏军的几辆坦克吓得仓皇逃窜，完全不顾曼施泰因的将令。

苏军似乎也不愿深入德军后方太远，他们并未借助已结冰的刻赤海峡大量登陆，并追击撤退的德第46师，一举攻破曼施泰因集团军的东部防线，为歼灭该集团军创造条件。曼施泰因也觉得苏军过于谨慎了，他们以三倍于德军的兵力却并未急于发动进攻，只做了几次试探性的攻击。

但是曼施泰因仍是不敢大意，他急忙把第46师、第213加强团和所有的罗马尼亚部队集结起来，在贾伊拉山以北建立了一条防线。为了抵抗苏军可能的进攻，曼施泰因将大量的德军军官、士兵补充到罗马尼亚各部队中，希图多少增加一些罗马尼亚军队的战斗力。

时间进入了1942年。

曼施泰因不得不将注意力转到半岛东部地区。到1月4日，苏军在费奥多西亚地区登陆的部队已经达到6个师，严重威胁到辛菲罗波尔地区的曼施泰国集团军司令部驻地各机关的安全。为此，他不得不从西部要塞地区急调南部的30军向东进发，但此时苏军在要塞地区也展开牵制性进攻，企图阻止曼施泰因撤走要塞周边的德军部队。

费奥多西亚的局势非常危急，不仅地面部队的防御人数极为不足，部署在赫尔松和尼古拉耶夫的德空军也因为过于寒冷的天气无法起飞，不能为该地区的德军提供空中支援。同时，由于后勤供应不济，从西部要塞赶来的骑兵部队缺乏饲料，战马因此大量死亡；炮兵部队因为缺乏运输力量，不得不徒步翻越贾伊拉山区。这样的进军持续了近半个月的时间方才到达目的地。

为将德军牵制在半岛西部地区，苏军又在半岛西部海岸城市埃乌帕托里亚实施了一次小规模登陆。由于事先有游击队潜入，鼓动当地居民发起反抗，该城一度极为混乱。为将苏军登陆部队打退，曼施泰因急忙从费奥多西亚前线派出一个步兵团，再将22师的侦察营、炮兵连和工兵营派往帮忙。1月7日，埃乌帕托里亚的战事结束，德军重新稳定了半岛西部的局势。

1月15日，从半岛西部调来的部队终于可以发起反突击了。但即便如此，双方的兵力对比也是极为悬殊的：曼施泰因一方共3个半德国师和1个罗马尼亚山地旅，苏军部队则多达8个师和2个旅，并有少量坦克配合作战。

德军也知此战关系到生死存亡，所以在攻击中分外拼命。1月18日，德军以少胜多，再度攻占费奥多西亚，苏军损失两万余人，火炮170余门、坦克车85辆，苏军退往刻赤半岛。但德军的损失也不少，又无快速部队用于突破，所以并未奋身追击，兵力不足，将帅气短，曼施泰因也只能眼睁睁看着苏军退走，无法追击，但为了防止苏军继续西向攻击，曼施泰因倒是采取了施彭内克当初所试图采取的战术——封锁刻赤半岛西端的帕尔帕奇地峡，两军在地峡沿岸出现僵持局面，第11集团军得以转危为安。

但苏联方面对此局面显然极不满意，好不容易登陆成功，却被数量少于自身的德军打得节节败退，"斯大林攻势"需要继续进行。苏联通过冰封的刻赤海峡继续运送兵力，并加强在黑海沿岸港口和高加索地区的兵力投入，以支援渡海作战。到 1 月 29 日，据德国空军的侦查情报估计，苏军在帕尔帕奇地峡以东地区的兵力已经达到 9 个步兵师、2 个步兵旅和 2 个坦克旅。到 2 月底，这一地区的兵力更是几乎增加了一倍。同时，苏军也在不断完善西部要塞地区的防御部署，炮兵的火力配置更趋强化。

赖歇瑙接替了龙德施泰特的新任集团军群司令的职务，他声称亚速海北岸的战事紧张，无力对曼施泰因提供支持。曼施泰因的兵力显然不足以发动任何形式的进攻，他们只能做好防御，静待苏军的到来。第 11 集团军唯一的兵力补充来自于罗马尼亚，安东内斯库又向克里木增派两个步兵师助战。

曼施泰因将其中一个师部署在克里木西海岸防御苏军偷袭，另一个师则被放置在帕尔帕奇防线的北翼，此地属于沼泽地带，又紧邻亚速海，考虑到罗马尼亚军队的战斗力，曼施泰因将其放置于此，也是慎之又慎了。

经过几周的兵力调派，苏军在东西两线同时发动进攻。在西部要塞一线，近 10 个师的苏军仗着炮兵之利，对负责防守的两个德军阵地发起猛烈攻击，德军炮兵也还以颜色，双方展开炮战。激战数日，苏军也未能迫使德军后撤。

关键战事发生在东部地峡地区。2 月 27 日，苏军 7 个坦克师、2 个步兵师和 1 个坦克营率先对德军阵地发起进攻。其身后还有 2 个坦克旅和若干步兵师和骑兵师，正在伺机而动。苏军虽然投入大量坦克参与进攻，但德军防线还未出现大的漏洞。不久，危机还是出现了。在苏军的进攻面前，北翼的罗马尼亚师负责的防线被突破，为了避免被苏军歼灭，罗马尼亚人被迫后撤。如此，战线的北端出现缺口，苏军后方部队乘虚突入。

在北部防线被突破之后，曼施泰因除命令预备队迅速前插之外，不得不从压力尚不太大的南部调来 2 个团的兵力参与北部防守。但由于道路难行，等到德军到来之时，苏军已经深入到基特附近。到战斗发生的第 6 天，到达基特的德军终于将苏军的脚步遏制住了，眼见事不可为的苏军主动停火了。

3 月 13 日，苏军再次发动进攻。这一次，他们在一线加大了装甲部队的投入，之前放置在后方的两个坦克旅参与了第一波攻击。德军面临的压力明显增大，战斗三天后，虽然德军打退了苏军数十次的进攻，但承受苏军主要进攻火力的德第 42 军也已经到达崩溃的边缘。

也许，天还不欲亡曼施泰因，正在帕尔帕奇防线岌岌可危的时候，陆军总司令部总算派来了援军——新组建的第 22 装甲师。曼施泰因觉得战事已经到了最关键的时候，他决定孤注一掷，将这个战斗经验不足的生力军师立刻投入战场并迅速前插，切断北部突入部分苏军的退路。

3 月 20 日，为配合装甲师的行动，德军发起反突击。但装甲师战斗经验不足的问题很快就暴露出来了，由于天气的原因，它们在大雾中迷了路，竟然闯入了苏军的地域。但这个年轻的纸老虎稳稳地唱了一出空城计，看到德军装甲部队出现的苏军，不敢急于发动进攻。26 日，苏军终于缓过神来，它们派出 4 个师的部队对德军阵地实施了反突击，但很快被德第 42 军打退。很快，第 11 集团军又添新锐——第 28 轻型师赶到地峡附近，苏军更是不愿发起进攻。但德军也未能取得任何战果，北部突进的苏军仍能坚守原地。

4月9日，苏军集中8个师和160余辆的兵力对第11集团军发动了最后一次攻击，双方激战两天后，苏军败退，无意恋战了。

到1942年春夏之际，纳粹德国的拓展版图已经达到一个惊人的地步。为了迅速结束苏德战争，希特勒从西线征调部队到苏联参与作战。希特勒新的战略设计是：苏联北部依然采取守势，战略重心转移到苏联南部，以一部分兵力进攻斯大林格勒，攻克该城后沿伏尔加河北进，完成对苏联首都莫斯科城的两面包围，并威胁苏联的中部地区；另一部分则进攻高加索地区，抢占该地丰富的石油资源。

为了适应这一总体战略的需求，曼施泰因必须迅速占领克里木全岛，将南部战线的前沿推到高加索西部地区。在陆军总司令部设计的攻击序列中，克里木岛名列第一位，此战将作为德军1942年夏季南线攻势的序幕。如此，克里木战场不再处于主战场边缘地位，转眼成为攻击高加索地区的桥头堡，曼施泰因因此得到陆军总司令部的大规模援助。

克里木战局现在仍是由两个战场——东部的刻赤半岛和西部的要塞地区——组成。两相对比，曼施泰因觉得，只有切断刻赤半岛这个跳板，才能使第11集团军避免长期陷入两线作战的困境，如此，才能有精力集中解决半岛西部的问题。可以想见的是，攻克要塞必将耗时长久，本着先易后难的原则，先解决半岛东部战事也确是明智之举。

为了应对德军的夏季攻势，苏军也对克里木地区的部队进行了重新整合。苏军在刻赤成立了克里木方面军司令部，由3个集团军组成。防守西部要塞的部队的称作滨海集团军，东部刻赤地区则部署着第44、51两个集团军，两线兵力共计达到 24 个步兵师、3 个步兵旅、2 个海军陆战队、3 个骑兵师和 4 个坦克旅，东西线的兵力比例接近 3:1，几乎全部的装甲部队都部署在东部。

尽管如此，第 11 集团军在东西两线的兵力均不具有优势。西线北侧只有第 54 军的 3 个师的兵力在负责监视苏军，其中 1 个为罗马尼亚师。南线则仅有第 72 师。

为了攻击刻赤半岛地区，曼施泰因制定了名为"猎鸨"的行动计划。鉴于当时苏军为了避免北侧突出部队被德国人围歼，而将大部分部队部署在北侧这一局面，曼施泰因计划以主力部队——30 军的 4 个步兵师和 1 个装甲师——在南线发动攻击，迅速突破苏军地峡南部的阵地，然后以逆时针方向行进，穿插到北部苏军的背后，与在北部防线佯攻的第 42 军、罗马尼亚第 7 军一道完成对北部苏军的包围。追击作战则由新成立的格勒德克机动旅负责完成，以阻止溃散的苏军重新集结兵力，并有机会发动反突击。为了加快战事进程，曼施泰因甚至出其不意地以一个营的兵力，从费奥多西亚出发，乘坐冲锋舟，计划在帕尔帕奇苏军防线背后登陆。

另一个有利的因素是，曼施泰因的行动得到了德第 8 航空军冯·里希特霍芬的全力支援。里希特霍芬是德国一战王牌飞行员里希特霍芬的堂弟，1895 年出生于西里西亚，"一战"中曾与堂哥并肩作战。1923 年重新入伍，转在陆军服役，这样的经历有助于他得到陆军军官们的好感。他曾参加西班牙内战，1939 年晋升少将。"二战"爆发以后，里希特霍芬指挥的俯冲轰炸机部队转战于波兰、比利时、法国和巴尔干地区。里希特霍芬和曼施泰因二人的合作开始于北方战场，这次是两人的二度合作。由于排除了希特勒和戈林的干扰，此一阶段德军陆空军的协同作战可谓可圈可点。

为实施这一计划，他将半岛西部地区的兵力作了尽可能的收罗，之前负责警备的罗马尼亚第 10 师也被调来参加攻击作战。但即便如此，可用于攻击作战的部队仍只有 6 个德国步兵师和 1 个装甲师，另有罗马尼亚的 3 个步兵师和若干骑兵部队。苏德之间兵力相差悬殊，比例约为 2:1。

计划成功实施的关键点有二：一是迷惑苏军，使其相信德军将首先在北线发动进攻，即使醒悟时也已无法向南线实施兵力调动；二是穿插部队必须快速突进，尤其是装甲部队必须率先到达预定地区。

攻击开始前，第 11 集团军进行了一次重要的人事变动，前集团军参谋长韦勒将军，调任中央集团军群参谋长，由舒尔茨将军接任。韦勒是集团军真正的核心人物之一，在制定"猎鸨"计划中出力极多，临阵换将，曼施泰因虽是不满意，但也无法加以阻挠。

5 月 8 日，"猎鸨"行动按计划施行。

德军在战前进行的军事调动，成功地迷惑了苏军，直到其南部防线崩溃之际，苏军的预备部队也未采取救援行动。但由于初期进攻不太顺利，德军部队无法全部展开，直到第 2 天，第 22 装甲师才获得行动空间。待他们越过苏军防线正准备向北运动的时候，天空却下起大雨，持续 24 小时之久。10 日，德装甲部队和空军开始行动，对德军来说，较好的消息是苏军也因大雨受困，未来得及作出兵力调动。而德国的追击部队虽然损失不小，但其向东面的攻击却还是成功地完成了预定任务，苏军不得不一退再退。

5月11日，第22装甲师已经到达北部亚速海南岸，完成对北部苏军的合围，曼施泰因一声令下，德军全线出击，对包围圈内的苏军发动猛烈的进攻。在如此狭小的地域内，交战双方20多万人展开生死大战。由于兵力处于明显劣势，曼施泰因不得不将指挥所前移，在各个师部之间来回视察，这样的情景似乎让他回到了当初在北线任军长的时候。

5月16日，参与追击作战的第170师攻占刻赤城。溃散的苏军试图通过快艇撤往刻赤海峡东部，但在德军炮火的覆盖下，苏军船只根本无法靠近岸边，岸上苏军被迫投降。

5月18日，包围圈内的苏军投降，"猎鸨"行动胜利结束。德军以少胜多，俘虏苏军17万人，各类火炮1100余门，坦克250多辆。

胜利后的曼施泰因和里希特霍芬一起登上刻赤的高地，眼瞧着刻赤海峡壮丽的景色，以及后方停留的大量俘获物资，二人都为这场胜利的歼灭战而心满意足，第11集团军近半年来的两线作战危局终于缓解了。但战事还要继续，而且会更加艰难。

唯一值得考虑的问题是：1942年的局势与1941年已经不同，在苏德战场重心南移之后，克里木岛的危机局势已经得到缓解，是否仍有必要克服塞瓦斯托波尔要塞呢？曼施泰因当然是希望能够完全控制克里木岛。

1942 年 4 月中旬，曼施泰因曾就克里木局势，到元首大本营向希特勒做了当面汇报。对希特勒能耐心倾听自己的计划并予以支持，曼施泰因感到极为满意。但由于受所处地位的限制，曼施泰因并未就上述问题明确征求希特勒的意见。在后来的回忆录中，曼施泰因多少流露出对于自己当时坚持攻占半岛西部要塞这一主张的些许悔意。但曼施泰因自己也知道，是否攻击要塞地区都不会影响整个苏德战争的基本走势。

经过半年的时间，苏军在要塞地区的防御更加巩固，人员和物资也得到极大的补充。到要塞战役发起之前，苏联要塞地区的防御部署大致为：

北部，在要塞边缘的贝尔贝克谷地和谢韦尔纳亚湾之间，苏军梯次修筑了大量的现代化炮兵阵地和小型火力工事，装备有最新的 305 毫米火炮，完全覆盖谷地及其周围地区。位于其后的小型火力工事之间则有地下工事连成一片，足以实现相互支援。第三道防线仍是由一些小型火力工事、炮兵阵地和陆军阵地组成，地下则是弹药库和预备部队的集结地。

东部，属于贾伊拉山地区，地形复杂，灌木丛生，苏军利用地形修筑了大量的环形工事，德军的炮兵对此将无能为力。再往南，地形更为险峻，苏军在陡峭的山脉上修筑有小型火力工事，这些都需德军一一攻克。

南部，地形与东部相似，但防线布置的层次性更强。主要以位于谢韦尔纳亚湾以南的萨蓬防线为主体，之前是一系列的前沿辅助阵地。萨蓬防线布置有大量的侧射火力，这将是步兵的噩梦。

除了这些外围阵地之外，苏联在塞瓦斯托波尔城周围布置有两道防线，该地的岩石地形易守难攻，除非德军能直接命中苏军的防御工事。在西边更远的赫尔松半岛，苏军也布有若干防线。

鉴于苏军的这种配置，曼施泰因决定延续半年前的策略，仍以主要兵力进攻要塞的北部和东北部，德军已经占领的贝尔贝克山谷的北面高地将作为攻击发起位置，炮兵和空军也将全力支援北部的攻击战。同时，通往塞瓦斯托波尔的公路也将作为德军的攻击重点。

当初选择北部作为主要攻击点的原因在于，其距离要塞港口较近，可以尽快断绝苏军的物资和人员补给。但由于空军的参与，苏军已经很难通过海路进行补给了，要塞北部因为其阵地密集和地形单一利于部队协同作战，从而成为集团军首选的攻击目标。南部也因为空军的参与而变得重要起来，其地域内的攻击战也不再仅限于进行牵制性作战了，而需要尽可能地向西海岸推进，实现对要塞地区的完全克服。

如此，第11集团军司令部制定了名为"捕鲟"的行动计划。主要进攻任务将由德军完成，罗马尼亚部队主要是提供掩护，并担负小规模的进攻任务。第一批预定进攻目标是在北部攻占谢韦尔纳亚湾的北部和东部地区，在南线到达可以控制要塞公路交通的萨蓬山阵地。

北部的兵力配置跟半年前是一样的，负责执行攻击任务的第54军以4个师和一个加强团的兵力，攻击北部要塞的一侧，为实现从侧翼包围北部要塞创造条件，该军的左翼则应攻占海湾的东部地区。

南线部队由第72、170师和新调来的第28轻型师组成。第72师在右，沿着通往塞瓦斯托波尔的公路进击，第28师在右，负责夺取南部海岸地区的苏军防御阵地；第170师则暂作预备队。

处于两军中间的是部署在东面的罗马尼亚山地军，在突破苏军的前沿阵地后，先为第 54 军的左翼提供支援，避免被苏军反突击，然后再转向南方，攻占大公路沿线的数个火力点，夹击第 30 军当面的苏军。

攻击发起前，炮兵部队先发制人，在空军的配合下，对已经探查到的苏军预备队驻地和补给线路进行猛烈轰炸。但其主要对手还是苏军的炮兵部队，因为那将是德国步兵部队无法攻克的。期间，里希特霍芬的第 8 航空军将一如既往地提供空中支援，对要塞内的城市、港口、机场、海面船只等进行不间断的攻击。

德军的炮兵部队本就不弱，这次曼施泰因的炮兵部队更是被着力加强。据统计，德军在 35 公里的攻击线上，共投入 208 个炮兵连，平均每公里近 6 个连。尤其是在此战中，陆军总司令部将原本计划用于攻击凡尔赛要塞的几门超重型大口径火炮调拨给曼施泰因使用。

但出乎意料的是，进攻前几天曼施泰因差点葬身黑海鱼腹之中。事情发生在一次对第 30 军进攻路线进行实地观察的返航途中。当时，曼施泰因带人乘坐的快艇已经快要抵达出发地雅尔塔了，不料两架苏军歼击机突然俯冲而至，用机枪对准快艇进行猛烈扫射。苏军飞机一击即走，船上 16 人被打死 7 人，其中包括跟随曼施泰因 5 年的司机弗里茨·纳格尔，曼施泰因亲作悼文祭奠。

集团军指挥所设在北部战线后方的一个小峡谷内，从指挥所放眼望过去，甚至能看到遥远的赫尔松半岛。苏联人似乎发现了此处大功率的电台设备，曾数次进行小规模空袭，但都未能直接命中。

6 月 7 日清晨，德军在炮兵和空军的掩护下，对苏军外围阵地发起地面进攻。对一座现代化的要塞的攻击，注定将是混合着铁与血的艰苦鏖战。

战斗首先在北部打响，第 54 军的进攻端从西向东分别是第 132 师、第 22

师、第50师、第24师。右翼的两个师在贝尔贝克峡谷地区艰苦作战，试图攻占峡谷的南岸和下游地区；左翼的第24步兵师则向海湾东部的盖塔尼高地前进。到了晚上，峡谷南岸地区被占领。

在54军正面的是苏军大量的堡垒和火力点，德军每前进一步，都需要与苏军就每个碉堡和火力点进行反复争夺，苏军的防守极为顽强，常趁德军不注意发起反突击，直至战斗到最后一人。为此，德军多以炮兵和工兵部队摧毁苏军大型射击点后，再由步兵突击占领。

到初期作战结束的6月17日，谢韦尔纳亚湾北部的苏军阵地基本被德军肃清；南线的第72师经过艰苦的战斗，占领要塞外围的若干堡垒之后，迅速推进，在侦察营的快速突击下，到6月18日凌晨已经在要塞中部的萨蓬山防线南侧打开缺口。只是南部战线左翼的第28轻型师进展缓慢。

由于苏军的顽强抵抗，德军虽取得不小战绩，但损失颇大，曼施泰因不得不对各师的进攻区域重新调整，避免出现过大伤亡，以往硬拼硬打的战斗方式必须改变，在战术上需要更加灵活，应多从苏军意想不到的方向实施突袭，尽量避免部队暴露在苏军的炮火之下。

在这之后的10天时间里，顶着陆军总司令部一再宣称即将调走第8航空军的压力，曼施泰因并未展开大规模的进攻，只是巩固和扫清已占领地区的苏军残余据点。到26日，德军将战线完全推到海湾地区—萨蓬高地一线，苏军外围阵地全部被德军攻克。海湾以南的因克尔曼也于28日被第50师占领，在该城的南面有一个大型的香槟酒窖，苏联军队在离开前引爆了酒窖里储存的大量炸药，当时仍在酒窖内的数千苏联伤员和逃难贫民被压死在坍塌的酒窖之内。

德军此时最关键的问题是各部队伤亡颇重，战斗力已经严重受损，但如何在第 8 航空军调离之前结束战役则让曼施泰因大伤脑筋。他需要一面安抚部队的情绪，另一方面得苦思破敌之策。

萨蓬山防线已是如鲠在喉了，但将进攻重心转到南部战线已经不可能了，交通条件和时间上都不允许曼施泰因这样做，他只能在战术上多下功夫了，以争取在北线迅速取得重大突破。

经过实地侦查，曼施泰因突发灵感，若以部队悄悄渡过谢韦尔纳亚湾，在攻克海湾南岸岩壁上的苏军工事后，从北侧对萨蓬山防线发起攻击必将取得出其不意的效果。他将这一想法告知第 54 军的一些指战员后，不想却遭到他们的集体反对，众人认为一旦偷渡海峡被苏军发现，德军士兵将成为苏军的活靶子。

曼施泰因坚持认为这将大出苏联人的意料，德军的行动必然会取得成功，众将反对无效，偷袭海峡南岸的战术因之定了下来。第 22 师和第 24 师将负责执行这一计划。由于第二阶段的攻击计划在 6 月 29 日开始，所以此次渡海行动必须在 28 日之前完成。

28 日夜，第 22 师和第 24 师都在为渡海作战紧张地准备着。为了掩护德军在北岸的调动，空军对塞瓦斯托波尔展开了持续轰炸。北岸的炮兵则严密地注视着南岸苏军的行动，一旦苏军炮兵对渡海部队发起攻击，德军的炮兵必须保证能完全压制住苏军的炮兵火力，为渡海行动争取时间。但苏联人并未发现德军在北岸的调动，凌晨一点，德军两个师的第一拨部队搭乘冲锋舟抵达南岸，成功占领高地上的苏军阵地。

29 日，预定的攻击时间到来了。德军一面以第 54 军的部分兵力进攻因克尔曼南部的高地，第30军则在远程炮兵和空军的火力支援下，对萨莲高地展开了决定性的突击。在萨莲高地作战中，苏军误以为德军将从东面发动攻击，但德军负责攻击的170步兵师却隐藏在南部的狭隘地域内，猝不及防的苏军防线在攻击开始不久后即迅速溃散。

另一方面，第54军的主力则由海湾南岸西向，对塞瓦斯托波尔城及其周边工事展开攻击。

到此时为止，尽管德军还未完全占领萨莲高地，但实则已经唾手可得了。苏军已经退到了要塞西部和南部的边缘地带。但在斯大林战斗到最后一人的严令下，苏军各部仍是死战不退。

德军第30军各部从170师在萨莲高地防线上打开的缺口上迅速突进，之后迅速向西、西南和北方展开，负责扫清塞瓦斯托波尔城西南方向和半岛最西端的苏联军队。

7月1日，在饱受德军炮火攻击之后，苏军放弃了塞瓦斯托波尔城，滨海集团军司令彼得罗夫将军撤离该城，负责留守的苏军将领在试图故伎重施的时候被德军俘虏。

到7月4日，沿海地区的苏军陷入绝境。南部试图突围的菲奥伦特角炮台的苏军部队已经绝望了，他们手挽手冲向德军部队，面对德军的炮火，即使女性也并未流露出丝毫的胆怯。德军开枪射击，苏军突围部队大部阵亡。

这一天，隐藏在半岛西端赫尔松半岛上山洞里的苏军眼见无法等到救援了，于是3万部队全部投降。塞瓦斯托波尔被全部落入德军之手。

据德军战后统计，经此一役，苏军被俘9万人，物资损失不计其数。在正面的对抗中，苏军再次败下阵来。

7月1日，在塞瓦斯托波尔城被攻克的当晚，曼施泰因收到了来自最高统帅部的电报，全文如下：

克里木第11集团军司令冯·曼施泰因大将：

为了表彰您在克里木战斗，即成功取得刻赤歼灭战的胜利，以及攻克地形险峻、固若金汤的塞瓦斯托波尔要塞的杰出功绩，特此晋升您为陆军元帅，并向您的晋升和为全体克里木勇士颁发盾形徽章，我代表全国人民对您所指挥的部队所取得的英雄般的战绩表达我的敬意。

阿道夫·希特勒

如此，曼施泰因达到了他军人生涯的最高峰。真可谓"一将功成万骨枯"，为了表示对阵亡将士的感激和庆祝要塞攻坚战的胜利，曼施泰因颇有深意地在当年沙皇的宫殿里举行了庆祝酒会。他们为死者默哀，致以敬意，对生者表达衷心的感谢。但苏联人显然对此很不满意，几架苏军轰炸机对酒会所在地域进行了轰炸，均未能命中。

曼施泰因率军攻克塞瓦斯托波尔并由此晋升元帅颇具象征意义。长期追随他的下属们当然是真心高兴，如此坚固的要塞在自己手中被攻克，这样的胜利在德军数十年的战史上是不多见的，这对几代德国军人都是极大的鼓舞和安慰，对当年在法国被凡尔登要塞阻挡而不能前进寸步的德国军人更是如此。甚至连一些背叛出逃的社会主义苏联的老俄国人，也对曼施泰因的胜利表示了赞叹。

安东内斯库也是其中之一，攻克克里木岛大大减轻了苏联军队对罗马尼亚本土的威胁。所以，早在刻赤会战结束，安东内斯库就到克里木拜访曼施泰因，希望他在西部要塞地区的战事结束后到罗马尼亚做客，为表示诚意，他将安排曼施泰因全家到喀尔巴阡山疗养。为了加强两国的关系，希特勒允诺了曼施泰因的疗养计划，副官施佩西特将与他同行。

曼施泰因显然是第一次受到这样的礼遇，罗马尼亚的接待礼遇接近元首级别的待遇。罗马尼亚的一位将军和外交部特使奉命到边境地区迎接曼施泰因一行，他们乘火车到达普雷代亚尔，疗养地安排在山顶的王宫附近，安东内斯库本人在附近也有一套别墅。安东内斯库的夫人和罗马尼亚国防部长亲到车站迎接，曼施泰因一行的安全则由元帅近卫营负责。

曼施泰因一家被安排在山顶的一栋小别墅内，受到前总理遗孀戈加夫人和安东内斯库朋友的热情接待。由于安东内斯库在国内树敌不少，所以，他对曼施泰因等人的安全也是颇为注意，不仅安排专门的厨师，出行时还有便衣警察随行保护。

安东内斯库多次邀请曼施泰因到他家里做客，当面表达了对曼施泰因新近战绩的祝贺，并声明这一胜利对罗马尼亚人的重要性，二人还就苏德战场的形势发展等问题进行了交流。他们虽然都对德军之前在南线所遭受的挫折感到惋惜，但均相信随着两国联军成功地将克里木收入囊中，南线的快速推进必将指日可待。

曼施泰因还受邀到老国王家中做客。令他有些疑惑的是，两代国王对国事似乎都不甚关心，而前王后则极力表现出王室对德国的好感。几年之后王室却发动政变，剥夺了安东内斯库的一切职务。虽然曼施泰因在罗马尼亚也多少知道些安东内斯库对王室的苛待，但处在他的位置，显然仍然难以理解高层政治的波云诡谲。得知此后事情走势的他，也只能唏嘘几声，感叹当局者迷罢了。

颇能体现安东内斯库对德国人示好的举动是，他安排了曼施泰因对罗马尼亚国内德意志少数民族的访问。在今锡比乌地区，曼施泰因参观了来此的第一代德意志先民们的垦荒之地。当天的中午和晚上，曼施泰因都是和这里的德意志人一起度过的，并受邀做了当地一个男孩的教父。

在疗养假期的最后一天，曼施泰因一行来到布加勒斯特，参观了普洛耶什蒂油田和一家罗马尼亚兵工厂，看到两地繁忙的生产景象，曼施泰因感到自己的心力总算没有白费。

假期结束了，新晋元帅曼施泰因需要投身到新的战斗中去了。

相关链接：

钢铁猛兽——德军巨型火炮

在塞瓦斯托波尔要塞攻击战中，德军使用了许多新型火炮。其中最著名的是一门600毫米的火炮，还有一门名为"古斯塔夫"的、口径达800毫米的铁道炮。

为配合其侵略战争的需要，希特勒上台之后，为了保证德军能突破法军坚固的马奇诺防线，希特勒开始命人研究该巨型火炮。

"古斯塔夫"制造于1942年，炮身长32米，全重1350吨，射程47公里，其所用榴弹重达 4.8 吨，穿甲弹的重量更是达到惊人的 7.1 吨，用于攻克坚固工事和地下设施极为有效。但由于身形巨大，其移动尚须特有的轨道，以机车进行牵引，还需要高炮部队寸步不离地保卫其安全。但在这次作战中，其作用确实不能低估。

/ 列宁格勒攻击计划 /

克里木战役以后，第 11 集团军得以休整几周，曼施泰因也趁机前往罗马尼亚度假。此时的集团军司令部则正在拟定一个渡过刻赤海峡的进攻计划，这次行动是德军在南线大规模攻势的一部分。显然，曼施坦因并未意料到等待他的将是什么。

1942 年 8 月 12 日，当曼施泰因回到克里木的时候，他接到了最高统帅部的命令，第 11 集团军不再参与横渡刻赤海峡的战役，改为北上协同第 18 集团军攻占列宁格勒，以确保德军与芬兰的联络。而令曼施泰因更为气愤的是，第 11 集团军被肢解了。第 50 师留在克里木，最精锐的 22 师则被改为空降师，开赴位于地中海的克里特岛（直到战争结束，这个师也再未换防），第 72 师被抽出，隶属中央集团军群。这样，可供曼施泰因用于攻击列宁格勒的兵力只剩下第 54 军军部、第 30 军军部以及第 24、132、170 三个步兵师和第 28 轻型师。

但更令曼施泰因不解的是：当第11集团军已经取得了克里米亚战役的胜利之后，是否应该把它从东方战场的南翼上抽出，用于不太重要的列宁格勒的攻克上呢？在曼施泰因的战略设想中，在1942年夏季，德军只有在战线的南翼集中本就不显强大的兵力，才能保证攻击高加索的计划取得成效，相机寻求与苏军决战。但希特勒却想同时达到两个目标——斯大林格勒和高加索——使德军兵力更显不足，因此愈向东走，德军突击部队的北部侧翼就会拉得愈长，防守的漏洞与压力也就越来越大。

而若将整建制的第11集团军留在南线，既可以越过克尔齐海峡，阻止苏军退回高加索，也可以跟在攻击集团军的后面充作战略预备队，这些都比投入不熟悉的北线战场合适得多。将整个第11集团军调往北方很可能成为影响整个战争形势的绝大败笔之一。（在后来的回忆录中，曼施泰因甚至认为，若将第11集团军留在南线，用于进击高加索或在顿河地区充作预备队，都将比在北线发挥更大的作用，极有可能使德军避免遭遇斯大林格勒的悲剧。）

为此，曼施泰因借飞往北方到元首大本营商讨具体作战计划之机，与参谋总长哈尔德上将详细询问了计划出台的原因。哈尔德明确地表示，他不赞成希特勒的两线作战计划，但希特勒拒绝放弃他的主张。但哈尔德并不认为调出第11集团军会危及南线战局的整体局势，这与曼施泰因的想法完全相左，但他却无法对参谋总长的意见加以驳斥。其实，到此时，希特勒与哈尔德的关系已经恶化到极点，双方在情报汇报会上针锋相对，互相责骂。曼施泰因试图通过希特勒的副官施蒙特将军建议希特勒缓解与参谋总长的关系，这一努力显然也没取得什么效果，6个星期之后（9月24日），哈尔德被免职了。其实，由于与希特勒在进攻战略选择上的分歧，早在前一年反对希特勒主张的德军分出一部分中央集团军群之兵支援南北两线作战这一策略无效之后，哈尔德就萌生退意，只是当时没有得到布劳希奇的一致意见。

其实，按德国方面的分工，希特勒通过最高统帅部直接统领的战区只有芬兰战场一地，而自列宁格勒一线以南的战事和部队的指挥直接由陆军部门直接负责。这在列宁格勒地区这一交界点上多少生出些各部队作战协调上的不愉快，芬兰人为此也曾颇有意见，何况他们本就只是想利用德军收回被苏联夺占的领土而已。在攻击到距离提赫文150公里的斯维尔河时，芬兰军队拒绝再做任何形式的进军了，但芬兰此前的攻击行动已经触及了英美等国的底线。

前一年，在曼施泰因离开北线战场的时候，北方集团军群的初期目标仍未完成，但也没有变化，即切断列宁格勒与苏联其他地区的联系，与芬兰军队在列宁格勒以北地区会合，完全包围列宁格勒。屈希勒尔的第18集团军自西向东，先后拿下诺夫哥德罗、丘多沃，并向提赫文进发，由于苏军在此一地区部署了4个集团军，屈希勒尔被迫停下脚步。进展更快的是中部地带的德军，到9月中旬，他们一度攻到列宁格勒城下，之后，他们向城东穿插并到达拉多加湖畔。至此为止，列宁格勒与苏联内地的陆路联系被德军成功切断。9月11日，斯大林不得不命令由朱可夫亲自指挥列宁格勒地区的方面军，负责防守列宁格勒的西南部和南部，可见当时苏军形势已极为被动。

10月7日，由于北方战场已经握有主动权，加之莫斯科城已有被包围的可能，斯大林忙召回朱可夫，令其指挥莫斯科地区的战事。北方德军总算能喘口气了。

不待北方战局稳定下来，为了响应希特勒于9月6日发布的第35号进军指令，即所谓进攻莫斯科的"台风"行动，勒布不得不将5个装甲师、2个摩托化师和里希特霍芬的第8航空军全部调往莫斯科前线。但是由于苏联方面试图通过在南北两线发动攻击，以减轻莫斯科的压力，这就给之后的德军的北方战局蒙上了浓重的阴影。此后的数月之内，主动权已归苏联人所有了。

如此，曼施泰因统帅下的第11集团军参与到旨在攻占列宁格勒的"北光行动"中来，此次行动是希特勒计划的对列宁格勒新一轮的攻击行动，旨在破坏列宁格勒的基础设施，切断列宁格勒的运输补给线路，以攻占该城。

尽管对希特勒的战略预想颇为不满，但曼施泰因不得不执行他的命令。8月27日，第11集团军达到列宁格勒外围，接收第18集团军正面朝北的战线，核查发动攻击的可能性，并拟定攻击该城的计划。但曼施泰因认为攻击计划面临着重重困难。

兵力不足是首要的困难。除了从塞瓦斯托波尔调至的大量攻击炮兵之外，此时的第11集团军所属兵力共计12个师，但除用于防守的兵力之外，真正能用于正面进攻列宁格勒的部队只有9.5个师。而对面的苏联方面则有1个集团军的兵力，包括19个步兵师、1个步兵旅、1个边防旅和至少2个坦克旅。相对而言，德军的兵力并不充足。为此，德国方面曾试图要求芬兰军队参与进行，却遭到拒绝。曼施坦因的第11集团军不得不独自承担攻击任务。

列宁格勒是沙皇俄国的旧都，十月革命在此发生，苏联波罗的海舰队驻扎于此，是苏联西部地区的工业重镇。自1941年以来，德军就试图攻占列宁格勒，在"巴巴罗萨"计划中，攻占涅瓦河上的这座城市被看作是"刻不容缓的任务"，极具战略意义和政治意义。德军一度出现极佳的作战机会，但由于未能把握时间，德军在列宁格勒地区长期保持着一种围而不打的局面，而苏军甚至可以通过城东的拉多加湖进行物资补给。苏联人夏季用船只，冬季用铺设在冰面上的铁路线，虽然时常遭受到德国人的袭击，多有伤亡，但所幸的是，苏联人依靠拉多加湖舰队、列宁格勒防空部队和守卫线路部队的顽强作战，运输勉强得以维持，从而保证了列宁格勒的物资供应。而德军第18集团军在城东和城南的战线，则从拉多加湖以南延伸到奥拉宁鲍姆以西为止的绵长地段，之前他们已经无力封锁列宁格勒与拉多加湖之间的交通线了，此时更是很难投入攻城作战。但列宁格勒和拉多加湖之间的地区显然成为双方此次争夺的关键区域。

同时，德军也尚未完全突破列宁格勒外围的苏军防线，虽然，在德军的前沿阵地已经可以看见列宁格勒的兵工厂和造船厂。

曼施泰因尽可能地做着攻击的准备工作。在对列宁格勒以南地区进行了侦察之后，曼施泰因和集团军司令部形成一致意见，即集团军无论如何都不应直接对列宁格勒城区展开作战，若如此，部队在巷战中会被迅速消耗掉。同时，司令部也否决了希特勒所相信的，以第8航空军的恐怖性空袭强迫该城投降的臆想，对此，曼施泰因和航空军指挥官里希特霍芬上将都无异议。

曼施泰因的计划是，在炮兵与空军的支援下，首先以三个军的兵力突破到列宁格勒的南部边缘地带。接着其中的两个军向东转移，迅速渡过城东南面的涅瓦河，消灭城东部与拉多加湖之间的苏军部队，切断拉多加补给线，从东面包围列宁格勒，迫使列宁格勒的苏军投降。在这种情况下，德军将受到东西两面的攻击，在抵御东面苏军的进攻的同时，还得防备列宁格勒市区苏军的反冲锋。

苏军注意也试图保证拉多加湖补给线的安全，并进而打破德军可能的对列宁格勒的进攻，早在8月27日，苏军就发动"锡尼维亚"攻势，对第11集团军先遣部队展开攻击，曼施泰因仓促应战，堪堪抵住苏军的攻势。9月4日，苏军在拉多加湖南面第18集团军宽大的东向正面防线上，撕开了一个8

公里宽的口子，突入防线纵深 12 公里。面对如此巨大的形势逆转，当日下午，曼施泰因从 18 集团军总司令屈希勒尔手中接过战场指挥权，希特勒对他的要求是立即组织攻势，恢复此前的军事态势。如此，进攻列宁格勒的计划被搁置，这令第 11 集团军内部颇多不满。

列宁格勒战役期间的苏军机枪阵地

几经苦战，在以后几天之内，曼施泰因终于阻挡住了苏军进攻的势头。在集结了其余部队之后，第11集团军就开始了决定性的反突击。第30军从南向北进行突击，第26军则从北向南展开攻击。到9月21日，德军切断了苏军突进部队的后路。苏军从东向西和从列宁格勒展开二次突击，试图解救被围部队，均被曼施泰因的部队击退。为消灭包围圈内的苏军部队，德军炮兵对隐藏在丛林深处的苏军实施轮番轰炸，而苏军则在政委的鼓励与带动下，顽强作战。到10月2日，苏军被击溃，曼施泰因终于结束了这次包围战。此战苏军投入了包括第2近卫军团和第8军团在内的不少于16个步兵师、9个步兵旅和5个坦克旅，却未能解除列宁格勒的包围，其中，突进第2军团部分被包围消灭，德军一共俘获苏军12000人，缴获300余门火炮、500门迫击炮和224辆战车。

第11集团军也受到了相当重大的损失，原定用来攻击列宁格勒的弹药已经消耗了不少。因此，已经无法立即执行原先的攻城计划了。虽然如此，希特勒仍不愿意放弃攻击列宁格勒的企图，虽然也愿意将目标缩小，但第11军团却坚持认为，若无适当的休息和补充，是绝不可能进攻该城的。在这种讨论之中，一个计划压一个计划，1942年10月就在如此的消耗中过去了。最终，德军的攻城行动被迫放弃，苏军成功粉碎了德军的进攻计划。

在此次反击战中，德军首次使用了虎式坦克。在希特勒的压力下，虎式坦克初期的型号——虎I坦克提前投入使用。在9月23日的战斗中，德军投入4辆虎式坦克，但全部被困于湿地中，被苏军的反坦克炮击毁，其中一辆甚至被苏军获得。

虎 I 坦克（Tiger I）

列宁格勒城下的计划受挫使得曼施泰因颇感无奈，即使是被迫接受命令，也难掩他试图扭转 1941 年开展进攻以后北方战场整体格局的企图。相比于此前已经攻入高加索和兵临斯大林格勒的南方战场，北方战场的长期僵局是曼施泰因及其属下极不愿意看到的。在这样的情形下，10 月 25 日，曼施泰因飞往元帅大本营，接受了陆军元帅权杖。

由此可见，希特勒对曼施泰因岂止是礼遇有加，显然是甚为器重，希特勒需要曼施泰因这样的睿智的、足以攻坚克难的将领在前线冲锋陷阵，但又需要他们坚守德意志军人精神，坚决服从命令，不要对总体军事战略指指点点。这一点，曼施泰因当然心知肚明，但刚接过元帅权杖的他，再次对希特勒提出了建议，这次关注的问题是步兵团的兵员补充问题，而矛头直指二号人物，帝国元帅——赫尔曼·戈林。

1933 年，戈林被任命为航空部部长，着手建立德国空军。1935 年，戈林升任空军总司令。1939 年，授衔成为德国历史上第一位空军元帅。1940 年，戈林被希特勒授予帝国元帅衔，成为希特勒的指定接班人。相对于其军衔而言，更令人羡慕忌妒的是戈林对德国经济体系的管控。从1935年开始，戈林逐步插手经济事务，成为德国经济备战计划——"四年计划"的负责人，该计划旨在1936—1940年内，组织调整德国的经济，以便为大规模的战争做准备，尽一切力量发展燃油、合成橡胶、钢铁、化学工业，等等，较少德国工业经济对进口原材料的依赖，成立"赫尔曼·戈林国家工程"的巨型康采恩联合企业。到战争爆发之后，戈林在此计划的名义下，负责掠夺东欧各地的物资资源以供军需。从此，戈林及其亲信逐渐控制掌握了德国全国的战时贸易、生产、国民经济和原料分配，在这一分配体系中，作为其安身立命的空军部门，理所当然地得到了最多的利益。此计划及其变化断断续续持续到"二战"结束前夕。此次冲突也是在这一大背景中发生的。

在曼施泰因看来，从1941年攻入苏联开始，由于苏联军队的顽强抵抗，德国陆军各步兵团的兵员数量不断缩减，连续不断的战事期间，部队虽然能够得到部分休整，但兵员一直未能补充，各部一直处于编制不足、兵员未满的状态，这种情况将随着战事的继续而不断恶化。曼施泰因自己在列宁格勒城下也多少吃过这方面的亏，故此，他晋升后的第一条建议即是希望补充兵员，以便支持战争。

曼施泰因并非无的放矢，此时，他得知戈林计划在空军内部抽调17万人，组建22个空军野战师，以用于地面作战，隶属空军系统。但曼施泰因认为，空军毫无地面作战经验，缺乏空地协同作战的训练，也不具备东方战场作战经验，在缺乏优秀的师、团、营各级军事主官的条件下，空军野战师将不可能在对苏战争中取得优势。反之，如若将这17万深受空军雄厚物质资源滋养的优秀军人用于弥补陆军的战力损失，将可能挽救战争爆发一年多来的东线德军，避免其陷入消耗战和持久战的深渊。曼施泰因之所以出此下策的另一原因，也是当时在对英战争中，大规模的进攻作战已不可能，如此，为进攻的庞大的德意志空军也就必须撤退。而关键的分歧也就在于德国军方高层对此持有的不同态度。

戈林之所以不愿将已扩建的空军进行缩水以补充陆军不足的一大原因，实则是体现了此一时期德国空军与陆军不同的建军思想之间的差异和对立。德国陆军有其独特的历史和军事传统。自18世纪中期普鲁士皇帝弗雷德里希二世的军事改革以来，德国陆军鲁登道夫极力强调以日耳曼的民族精神和宗教意识教育训练部队。各师都有随军牧师，要以"爱国"和"效忠"为主要内容的精神教育，鼓动士兵为纳粹和希特勒卖命，这成为纳粹空军的指导思想。戈林本人是"一战"中的空战英雄，虽然他对近代航空事业的发展和飞机技术等问题缺乏深刻认识，但其所组建的空军的一个重要来源——国家社会主义飞行军团就是一个以纳粹党员为主的组织，相较于陆海军，重建后的德国空军从一开始就深受纳粹思想的影响，这也是戈林对其特别偏爱的地方。自认年轻、新派的空军领导人戈林，显然对德国陆军的军事思想极为不满。

而此时的德军也明显未到1943年需要进行全面战争的境地。到1943年，即使是本土的防空部队也被调去加强前线的步兵师团，后方则交由妇女和学生守卫。

通过与希特勒副官交往甚密的中央集团军群作训处长的接触，曼施泰因明了了戈林的真实想法。显然，希特勒也是站在戈林一边的，他再次否定了曼施泰因的书面报告。苏德战场上的德国陆军不得不继续苦苦坚持。

令曼施泰因更为沮丧伤心的是，他的助理参谋施佩希特和长子格罗·冯·曼施泰因在10月下旬相继阵亡。在曼施泰因的回忆里，长子格罗是一名优秀的军人，他无愧出生于军事贵族家庭的身份。曼施泰因这样描述他的长子：

他是一个真正意义上的贵族的孩子。不仅仅是因为他的外表——高大修长的身材，一张柔嫩狭长的贵族面庞，而主要在于他的品行和思想。他从不会弄虚作假。他谦虚朴实、乐善好施，他表达观点时严肃庄重，同时又满面喜悦，他不懂得什么是自私，只知道友谊和仁爱。他的精神和他的灵魂吸纳着人间一切美好和善良。他继承了许多代军人的传统，也正因为如此，才使他成为一名热情洋溢的军人，同时也是一个名副其实的高尚的人，一个基督徒。

请战上前线的同事与其长子的离世，极大地打击了在列宁格勒城下虽胜尤败的曼施泰因。格罗似乎成了他自己的缩影，格罗的离去让战事不利的曼施泰因感到些许的彷徨，某种传统，某种浸透在他骨子里的军人精神似乎也随着格罗的离去而变得凄凉而缥缈。刚接过的元帅权杖也难以让他弥补内心的失落。

他将长子葬于伊尔门湖畔，由随军牧师为其作了安魂祷告。葬礼结束之后，曼施泰因飞回家乡，把长子阵亡的消息带给了夫人。之后的几周里，曼施泰因的第 11 集团军没有作战任务，计划着应对苏军可能组织的反击。

11 月 20 日，希特勒发布命令，以第 11 集团军司令曼施泰因担任新组建的"顿河集团军群"司令。由于当时曼施泰因正在下属部队视察，回程途中又遭受地雷袭击，直到 11 月 24 日，曼施泰因才到达南方 B 集团军群司令部。

对整个德军来说，也迎来一个不好的消息——希特勒掌握了国防军的最高指挥权。

虽然曼施泰因承认希特勒在军事领域颇具天赋，对新技术和新式武器的探索使用也是极为热心的，但希特勒的所有指挥成绩的获得都是基于其直觉基础之上的，希特勒缺乏扎实的、循序渐进的战术和战略训练，这使得他无法获得有计划的成功，而当成功到来时又会感到不知所措。由于缺乏集中的战略目标，希特勒指导下的德军缺乏进攻重心，德军多面开花，在非洲、近东和苏联等地同时展开军事行动，更为关键的是希特勒往往不分主次，将许多政治、经济目标优先于军事目标考虑，一旦政治手段不能使对方屈服时，德军最终陷入苦战。

另一问题是希特勒对前线部队行动的直接约束，曼施泰因说，他的指挥在此之前虽然并未受到希特勒的直接干预，但他的很多行动也间接受到了希特勒的约束，他似乎忘记了自己在苏德战争初期在迪纳堡所遇到的情况。用中央集团军群司令克卢格元帅的话说，他对超过一个营以上的兵力任何一次调派都需得到希特勒的同意，此话虽可能有夸大之嫌，但也可见希特勒对插手前线指挥的高度热情。

希特勒的这种做法完全改变了自老毛奇时代以来德国军队的指挥原则，老毛奇时代的类似"任务式指挥法"的指挥方式，给予前线将官极大的军事自主权。而希特勒盲目自信，他认为在后方司令部的自己，借助着高度发达的无线电技术，将比任何前线的指挥官们更了解战事全局。

曼施泰因一度有机会问鼎国防军的最高指挥权。在 1941 年冬，陆军总司令布劳希奇的心脏病日益恶化，无法再承担领导重任。12 月 18 日，希特勒同意了布劳希奇的辞职请求。关于之后的军队领袖人员的安排，一时引起热议，驻国防军指挥参谋部的陆军代表冯·洛斯贝格中将曾向最高统帅部作战部部长约德尔提议，可以由曾在陆军总参谋部任职的曼施泰因担任计划成立的国防军总参谋部的参谋长，以统一领导德军战争事宜。但在约德尔看来，若如此，性格与希特勒大相径庭的曼施泰因只会以比他的老上司们更快的速度被希特勒赶下台来。国防军总参谋部的成立最后也胎死腹中，希特勒亲自兼任陆军总司令。

曼施泰因曾多次向希特勒建议，应该改变德军高层指挥体制，如果希特勒不愿放弃最高统帅的位置，可以退而求其次，在保留最高指挥权的同时，可以在各战场任命一位总司令，如苏德战场就可以如此。曼施泰因的这一观点在德军高级将领中颇有市场，除了前文提到的洛斯贝格的建议外，一些将领也希望曼施泰因出任可能设立的东线总司令一职，曼施泰因本人和希特勒对这一情况都非常清楚。不知是否因为忌于曼施泰因的人望，希特勒对曼施泰因一直还算客气，虽然后者常常犯颜直谏。

希特勒一意孤行，一如他执意发动对苏作战一样，他对军人有一种顽固的不信任感，他对自己的直觉和意志坚信不疑。最后，即使在最高统帅部内部也出现了不同的声音。1942年的夏季，就南线战事的策略问题，约德尔和希特勒之间爆发了激烈的争论，后者指责前者不服从命令，前者则声称后者根本不懂指挥。

现在，默不作声的布劳希奇和大唱反调的哈尔德都离开陆军部门的领导岗位了。接替哈尔德的是蔡茨勒。蔡茨勒于1941年晋升少将，此前一直在克莱斯特的第1装甲集群任参谋长，接任总参谋长时破格晋升上将，蔡茨勒虽然资历尚浅，但个性鲜明，力图在高级将领和希特勒之间实施斡旋，并给以希特勒有利于战局的影响。这与希特勒希望得到一个傀儡的想法颇有差距，两人之间也多有不愉快。

曼施泰因对希特勒多少有些不满，在后来的回忆中，他这样评价1944年施陶芬贝格等人策划的刺杀希特勒的未遂事件：企图以武力改变国家领导状况"这种思想与入伍誓词背道而驰，谋杀能否成功也是个问题"，如此而言，事后的他也很能理解这种行为，虽然他自己从未想过以这样的方式摆脱来自上面的压力。

但就 1942 年的曼施泰因来说，在胜负未分之际，他绝对不能赞同任何人威胁最高统帅的安全，因为那样只会使德国万劫不复。所以，在前线的他仍兢兢业业，回到最高统帅部则苦口婆心地劝导希特勒，望其改弦更张。

相关链接：

反坦克的高射炮——德制 88 毫米高射炮

德制 88 毫米高射炮被誉为"第二次世界大战中使用得最成功的火炮系统"，最早由克虏伯在瑞士的子公司负责设计，相关工作开始于 20 世纪 20 年代末。其主要设计理念是为应对轰炸机飞行高度和速度的增加，故在口径设计上远大于同期同类型武器，大口径和子弹的高初速也为其赋予了反坦克作战的能力。

88 毫米高射炮，战斗全重近 5 吨，射速高达每分钟 20 发，最大垂直射程 10350 米，最大水平射程 14500 米，配备 8 名编组人员。其自动供弹装置大大增加了其对空攻击时的射速。

1940 年的西线战役期间，88 毫米高射炮在反坦克方面初试身手。在发现该型高射炮的反坦克威力之后，德国又在其基础上设计制造了 105 毫米和 128 毫米两种型号的高射炮，成为德军防空的主战武器。由于其出色的性能和多样的用途，88 毫米高射炮在东线战场也表现不俗。在最早遭遇到 T-34 坦克的时候，也是该型高射炮成功阻击了苏军坦克的攻击，稳定了德军阵线。

但由于该炮外形巨大，身宽体重，机动能力极为不足，难以实施有效的隐蔽。

斯大林格勒城下的失利

斯大林格勒，原名察里津，苏联建立后改用此名。该城位于伏尔加河下游西侧，西距顿河河曲 60 公里。苏联时期，斯大林格勒成为苏联南部重要的政治、经济和交通中心，有发达的军事制造工业，并承担着外运高加索石油的重要任务，战略地位十分重要。要说斯大林格勒战役的故事，还须从 1942 年德军的夏季攻势开始讲起。

据德军 1942 年 4 月 10 日的情报显示，苏军已经动员了所有的可以参战的人力和物资资源，工业生产已经近于停顿，装甲部队将不会再有增加。得知这一消息的希特勒信心大增，决定在南线发动大规模攻势，想彻底摧毁苏联的工业体系，夺取高加索地区的石油资源。为此，希特勒撤销了南方集团军群的编制，改为新设的 A、B 两个集团军群，前者由李斯特元帅统领，任务是在第 4 航空军的支援下，占领高加索地区；后者由包克元帅指挥，下辖第 4 装甲集团军、第 2 集团军和第 6 集团军，其主要任务是在斯大林格勒地区取得突破，并掩护 A 集团军群北部侧翼的安全。消灭克里木半岛和顿涅茨河流域的苏军成为德军的首要任务，德军最高统帅部为此制定了名为"蓝色作战"的攻击计划。

为首先占领哈尔科夫以南的顿涅茨河的突出部，希特勒计划由克莱斯特第 1 装甲集群和保卢斯的第 6 集团军分别从南北两面实施夹击，行动代号为"腓特烈一世"。但率先发动进攻的还是苏联人，5 月 12 日，铁木辛哥的西南方面军的部队对哈尔科夫发动了攻击，德第 6 集团军成为主要目标。在比自己多出两倍敌军的攻击下，保卢斯被迫撤往哈尔科夫，处境堪忧。5 月 17 日，"腓特烈一世"计划提前一天实施，在强大的空军部队支援下，克莱斯特对哈尔科夫以南的苏军发起进攻，苏军防线崩溃，被迫撤往顿涅茨河以东，余下的苏军被德军包围。到 5 月 29 日，包围圈内的苏军投降，德军俘虏苏军 21 万，摧毁苏军坦克 1200 辆，火炮 2000 余门。史称"第二次哈尔科夫战役"。

6 月初，希特勒参加了南方集团军群的高级会议，通过了由包克元帅拟定的夏季攻势计划，而在该计划中，斯大林格勒并未成为德军的目标。但这个计划竟然如当年在西部战场时一样出现了泄漏，参谋总部的一个参谋携带作战计划时，被苏军击落座机，部分计划为苏军获得，德军只得采取欺骗战术，最后成功地使得苏军相信德军的主攻方向将会是在莫斯科地域。

6 月 30 日，B 集团军从顿涅茨河流域发起攻击。到 7 月 23 日，苏军正在顿涅茨河上游和顿河之间的地区迅速后撤，分别撤往斯大林格勒和顿河下游地区，德军应该向何处追击呢？希特勒最后选择了高加索方向，它命令本已到达顿河河曲地带的 B 集团军群所属的第 4 装甲集团军迅速南下，支援正在从罗斯托夫向高加索进军的克莱斯特的第 1 装甲集群。此时的斯大林格勒毫无防备，但等到希特勒明白过来，再调第 4 装甲集团军北返的时候，苏军已在斯大林格勒完成了防卫部署。德军最后在两个方向上都未能取得进一步胜利。

但希特勒仍然坚持己见，命令德军在两个方向上继续进攻。希特勒认为苏联大势已去，所以在斯大林格勒以南的顿河地区，主要是从属国军队在负责防线，德国部队则都集中到斯大林格勒前线去了。斯大林格勒攻击集群的左翼安全由一个匈牙利集团军、一个意大利集团军和一个罗马尼亚集团军负责，其中仅罗马尼亚军队的战斗力尚可，但也不及苏军；右翼安全则由一个罗马尼亚集团军负责。但从属国军队的战斗力经过数次证明已经是靠不住的了，如果顿河地区失守，斯大林格勒地区的德国军队就将有遭遇苏军侧翼包围的可能。重兵屯于坚城之下，历来是兵家大忌。

反观苏军，尽管在之前德军的夏季攻势中损失颇大，但由于后备力量充足，他们迅速在顿河沿岸建立了新的防线，其一线兵力仍是占有相对优势，其背后另设有大量的预备队。

南方集团军群分裂为 A、B 两个集团军群之后，由于二者攻击方向上的差异，两个集团军群之间很快出现了一个宽达 300 公里的战线缺口，其间只有 1 个摩托化师负责警戒。另外，从距离上看，处于德军南线战场中心地位的罗斯托夫距离苏军顿河防线只有 300 多公里，而在斯大林格勒前线的第 4 装甲军距罗斯托夫约 400 公里，而 A 集团军群的前线部队据罗斯托夫的距离远在 600 公里以上。这种战场距离上的远近差别，多少可解释之后德军在大撤退中所遭遇的窘境。

从 7 月开始，德军集中 25 万人、700 多辆坦克和 1000 多架飞机的兵力，猛攻斯大林格勒。8 月 25 日，德军渡过顿河。希特勒不断从 A 集团军群调兵增援，要求保卢斯迅速攻占该城。9 月 15 日，德军突入斯大林格勒城区，惨烈的巷战开始了。德军在飞机、坦克的掩护下，每日发动十多次的进攻，但均被苏军打退，双方损失都非常惨重。

整个 10 月份，德军和苏军在斯大林格勒展开激烈的巷战。不想本来以为可以轻松取得的城市却让德军损失惨重，希特勒脸上有点挂不住了，他严令保卢斯必须迅速拿下斯大林格勒。保卢斯倒是信心满满，10 月 25 日，他向希特勒报告说：第 6 集团军最迟可于 11 月 10 日完全控制斯大林格勒。听到这个消息的希特勒更是对陆军总参谋和最高统帅部提到的侧翼安全问题置之不理，他已经在思考德军在攻占斯大林格勒之后的走向了。

斯大林格勒战役期间，德军驻守在战壕里

斯大林格勒战役期间，苏军战士越过战壕，向前冲锋

但直到 11 月为止，德军仍是无法攻克该城。经过两个多月的血战，德军锐气大减，苏军逐步占据上风。11 月 11 日，德军对斯大林格勒守军发动了最后一次大规模进攻，经过一天多的激战，德军成效不大，被迫停战休整。

早在 9 月底，苏军最高统帅部即已开始制定反击计划，并秘密集结部队。反击发起之前，斯大林格勒地区的苏军兵力已经达到 110 余万人，各类火炮 15000 多门，坦克 1400 辆，飞机数量则超过 1300 架。

11 月 19 日，苏军发起反击。德军左翼当面的苏顿河方面军在炮兵部队的支援下，虽然左翼德军自己的防线并未崩溃，但罗马尼亚第 3 集团军的防线被迅速突破。德军右翼方面的苏军，即斯大林格勒方面军则对罗马尼亚第4集团军和德第4装甲军的阵地发起攻击。很快，罗马尼亚军队的防线被突破，第4装甲军一部也被迫向第6集团军靠拢。

21日，苏军南北两线部队在顿河西岸的卡拉奇汇合，对德军的包围得以实现（曼施泰因在接到任命的第一时间即向第6集团军发出命令，让其务必扼守卡拉奇附近的顿河渡口，这个命令显然没能得到执行）。

据曼施泰因估计，包围圈内被围德军大概有20到22万人，包括第6集团军的4个军和划归其指挥的第14装甲军，以及大量炮兵预备队和工兵部队。另有2个罗马尼亚军也被围困在内。被包围后，保卢斯整合兵力，在顿河以东地区重新构筑西部防线和南部防线，包围圈东西长50公里，南北宽达40公里。为保证消灭包围圈内的德军，苏军不断调兵遣将。

为了避免第6集团军被全部吃掉，陆军总参谋长蔡茨勒建议希特勒将第6集团军撤出斯大林格勒。在希特勒犹豫之际，戈林却声称空军必能保证该集团军的物资供应直至解围部队到达。这大大加强了希特勒坚守的信心，他严令保卢斯不得突围，必须坚守阵地。并将该集团军命名为"斯大林堡垒"集团军。

曼施泰因是在11月21日收到新的任命的。按当时的陆军总司令部的意思，并未想到会出现防线大崩盘，希特勒希望借着曼施泰因的指挥，德军能稳住阵脚，打退苏军的反突击。新组建的顿河集团军群由第4装甲军、第6集团军和罗马尼亚的第3集团军，这姑且算是一个攻守平衡的搭配，另外，曼施泰因将得到一个军和一个师的补充兵力。还没等曼施泰因熟悉各部队，他的集团军群就几乎整个被苏军包围。为了救援包围圈内的部队，曼施泰因希望蔡茨勒能增加兵力配属至一个集团军，蔡茨勒表示同意。

最后，曼施泰因争取到的补充部队为：从 A 集团军群调来的第 57 装甲军司令部及其第 23 装甲师和统帅部的炮兵部队，还有新组建的第 6 装甲师，这部分部队将与第 4 装甲集团军的剩余部队一起实施解围行动。另组建霍利特集团军级支队，下辖一个军部和 4—5 个师，该部将从罗马尼亚第 3 集团军左翼出发，向顿河以东的包围圈实施解围行动。而在顿河集团军群的当面，苏联已集结了 140 多个师的部队。为了保证解围行动的安全，曼施泰因认为，必须不断增加兵力的投入。

身处包围圈之中的保卢斯再无豪言壮志了，虽然他深知希特勒不准任何后撤行动的指令，但他仍以集团军所有军级以上军官的名义向希特勒报告，希望准许第 16 集团军突围，为满足突围条件，并应允许自己减弱包围圈内德军的北面防线。但即使如此卑微的请求也被希特勒拒绝，他要求保卢斯固守待援，并亲自调整了集团军的北部防线。保卢斯也未作出任何先斩后奏的决定来。

但不正常的是，第 6 集团军实际上并不在曼施泰因的指挥下。该集团军由陆军总司令部直接指挥，希特勒还在集团军司令部设置了一部专用电台，以方便保卢斯随时接受最高指示。集团军的供给也由戈林直接负责，但最后戈林却拒绝履行这一责任。鉴于此，曼施泰因并未对保卢斯下达明确的行动命令。

11 月 24 日，曼施泰因仍在赶往南方的路上，由于缺乏相应的参谋部门和通信设施，他对战局仍是难以直接行使指挥，他的消息和命令都需通过 B 集团军群司令部转达。

曼施泰因敏锐地看到第 16 集团军的存亡对德军南部战场的重要性，所以下一步作战的一个基本指导思想是：为了避免战线出现更大的崩溃，第 6 集团军需要坚守原地，最好是能坚持到解围部队的到来，尽最大可能保存实力。但 B 集团军群司令告诉他，很可能在 11 月 30 日以前德军都无法实施有效的解围行动，而到那时，第 6 集团军的形势将更为危急，集团军突围的最佳时机将早已过去。曼施泰因似乎对战事已经有点不祥的预感了。

11 月 26 日，曼施泰因到达位于罗斯托夫以北的新切尔卡斯克的集团军群大本营，仓促设立的总司令部甚至连正规的警卫部队都没有。第二天，曼施泰因正式接管顿河集团军群的指挥权。

就在曼施泰因到达集团军群司令部的那一天，保卢斯派人用飞机送来一封信。在信中，保卢斯向曼施泰因报告了该集团军的最新情况，保卢斯认为在包围圈北线的突破是不可能实现的，所以他仍然主张从西南防线突围；他表达了对曼施泰因的敬意和信任，希望曼施泰因给以"保障"，并允诺他"在最紧急情况下准予我视情况自主行动"的权力。保卢斯的卑微显然使曼施泰因极为动容，在确认第 6 集团军已经岌岌可危的情况下，曼斯泰因甚至试图侵入包围圈去亲自视察，后来因为部下的反对，曼施泰因改派参谋长舒尔茨和作训处长布塞先后进入包围圈实地了解情况。

德国陆军元帅曼施泰因在研究作战地图

　　从舒尔茨带给保卢斯的命令看，曼施泰因并未直接答复保卢斯的请求，而是分析战况，认为最好是坚守阵地，即使突围也不应等到"最紧急情况"之时。显然，曼施泰因也不敢遽然同意保卢斯擅自突围的请求。他需要确认空军的补给能力是否能满足需要，但从第4航空军处得到的消息是否定的；但戈林处的情况并不完全清楚。既然供给不确定，曼施泰因不得集中注意力到解围部队。

　　在他的计划中，一旦增加解围部队——第一批的兵力增加到4个装甲师、

4个步兵师或山地师和3个空军野战师——的要求得到批准，第4装甲集团军所部应在12月3日前到达包围圈外的科捷利尼科沃，霍利特集团军级支队则应于12月5日在顿河支流奇尔河上游地区做好攻击准备。但两部分解围部队旨在解围，而非恢复苏军发起反突击之前的状态。

对于具体行动，曼施泰因也不得不多次请示。在11月28日给希特勒的报告中，曼施泰因言道，因为第6集团军补给缺乏，可由第4装甲集团军率先实施解围，将被围部队解救出来。希特勒虽然并未明确拒绝曼施泰因的提议，但仍然坚称不能撤离斯大林格勒。

但解围部队并未能按时到达。由于天气状况不佳，德国空军的行动受到极大的阻碍，它对被围部队的补给输送也因此受阻；加之铁路未能完全修复，甚至地面部队的输送都遭遇极大困难。两路解围部队都未能按预定时间实现集结。关键的还是计划配备的兵力临时出现大幅度缩水，最后到达进攻地域的只有3个装甲师和1个步兵师。所谓巧妇难为无米之炊的窘境，终于发生到曼施泰因的头上。

鉴于苏军并未在包围圈南侧以外部署重兵，所以曼施泰因对居于顿河以东的第4装甲集团军解围部队寄予希望，盼其能攻敌不备。为此，12月1日，曼施泰因下达了名为"冬季风暴"的作战行动计划：

在11月8日以后的某一天，由包围圈以南的第4装甲集团军率先发起进攻，争取为第6集团军打开通道。如果攻击不顺，第4装甲集团军应转而对顿河以西的苏军部队发起攻击，其右翼安全由另一个小型的攻击群负责，该攻击群应向卡拉奇进攻，力争为第6集团军夺占顿河大桥。霍利特集团军级支队则从奇尔河上游发动攻击。

同时曼施泰因隐晦地向第 6 集团军指示道：在第 4 装甲集团军在顿河以西发动攻击之时，他们应配合向西运动，争取在西南方向实现突围。曼施泰因似乎要先斩后奏了。

完成包围的苏军并未急于向第 6 集团军发动进攻，这使后者得以有时间建立临时防线。苏军计划在完全摧毁德军的解围企图之后再吃下整个集团军，所以他们先对包围圈以南和以西两侧区域发动了攻击。

好在苏军一直未试图在更南的左翼发动攻击，突袭顿河下游地区，若如此，尚在高加索的 A 集团军群的后路也将被截断。但曼施泰因不得不预作筹谋，虽然顿河下游地区尚属无忧，但斯大林格勒左翼被苏军突破的防线必须尽快修复，否则解围部队的侧翼安全无法得到保障。为此，曼施泰因不得不将本计划用于组建霍利特集团军级支队的两个师用于重建左翼防御线。

12 月 2 日，苏军对第 6 集团军发起进攻。此后的 12 月 4 日和 8 日，苏军的两次进攻均被德军击退。看到自己部队的补给尚好，保卢斯似乎恢复了些许信心，他对曼施泰因说，依靠已有物资，他们可以坚守到本月中旬，但随后，空军对第 6 集团军的补给行动受到严重阻碍。解决补给问题，关键还在于取得陆路通道。

曼施泰因在下达的"冬季风暴"命令中并未规定进攻时间，他怀有的疑虑终于变成了现实，由于天气原因，从高加索转来的第 57 装甲军的抵达时间一再推迟，一直推迟到 12 月 12 日。

为了避免德军可能的解围行动，苏军也对包围圈之外德军可能的集结点发起了攻击，他们首先选中了科捷利尼科沃这个 57 装甲军预设的待机地区。

12 月 4 日，苏军的进攻部队被驻扎在此的德第 6 装甲军击退，他们转而在该城外围集结兵力，防备德军突袭。

围点不成，苏军开始打援。奇尔河与顿河之间的部分地区对德军极为重要，这里不仅是预备的解围行动发起点，也是德军各集群和交通点之间的重要联结点，不容有失。12 月 4 日，苏军在奇尔河下游地段发起进攻，形成持续压迫态势。为了避免该地段防线崩溃，曼施泰因再次从霍利特集团军级支队中抽调 2 个师参与防守。霍利特集团军级支队显然已经不具备解围的实力了，曼施泰因只能在如何增加第 4 装甲集团军的兵力上下功夫了。

为了至少达成希特勒要求的在包围圈上打开缺口，对第 6 集团军实施补给的目标，曼施泰因需要另外物色解围部队。但一方面需要提供兵力打开缺口，另一方面又要劝告希特勒少量的部队投入将不可能稳定斯大林格勒地区的局势，这两者之间需要不少的权衡。但根本的问题是，由于德军兵力的不足，曼施泰因申请加强解围部队的努力遭遇挫折，而曼施泰因希望能扭转希特勒拒不撤退态度的重要手段，就是要让希特勒知道现在的局势已经快到无力挽救的边缘了，而这种无力感正是由于德军兵力的空虚所致。曼施泰因通过电话和无线电将前线情况如实通报给蔡茨勒和希特勒，希望前者能以此为根据劝服希特勒允许第 6 集团军撤离斯大林格勒。

由于整个顿河集团军群和 A 集团军群都位于顿河河曲及其以东地区，所以，在谋划行动的时候，曼施泰因需要考虑两个集团军群的后路问题，避免德军整个南线都被苏军切断后路。但无论如何，曼施泰因还不能不作为。

12 月 12 日，"冬季风暴"计划实施，德军以第 4 装甲集团军为主力，展开解围行动。

但由于两日前苏军又开始了对奇尔河下游德军第 48 装甲军发起了进攻，使得德军难以在西、南两个方向实现协同。14 日，德军被迫炸毁顿河大桥，并撤出该地区。

但潜藏着的最大威胁是，苏军似乎正在顿河集团军群左翼谋划着进攻行动。15 日，苏军开始集结部队。第二天，苏军展开试探性攻击。苏军一个新组建的集团军，似乎有意对顿河下游地区发动突击。这令曼施泰因颇为担忧。原本计划投入解围行动的霍利特集团军级支队不得不全部转入防御，并加强与 B 集团军群右翼的协同，防止苏军偷袭。

由于早已揣测到德军欲从科捷利尼科沃地区出发进行解围行动，在第 57 装甲军刚到达该城的时候，苏军就对该军发起了凶猛的进攻，德军仓促应战，终以重大损失为代价稳住了出击地域的局势。12 月 12 日，该军按计划向斯大林格勒防线开去。由于第 4 装甲集团军并未按原计划完成全部集结，尽管出其不意，在战斗开始的头几天德军取得了不小的进展，到达阿克萨伊河畔。跟随该集团军行动的还有一个携带 3000 吨补给物资的运输车队，以及少量炮兵牵引车。但由于苏军从斯大林格勒调来大批援军，到 12 月 17 日以后，德军已难再得寸进。

12 月 18 日，苏军突破意大利集团军的防线，德军后路面临被切断的危险。在此情况下，曼施泰因请求希特勒下令第 6 集团军迅速突围，向第 4 装甲集团军进攻地域靠近。曼施泰因的这一紧急请求，仍然被希特勒拒绝。但由于意大利集团军防线的崩溃，陆军总参谋部已经无力向曼施泰因提供新的解围力量了。

得不到元首的首肯，曼施泰因决定自己干了。由于在过去一周内的艰苦战斗，第4装甲集团军损失惨重，加之一些所谓的装甲师本就装备不足，已经很难再突破苏军的防御。为了避免整个集团军群被苏军从左翼包围，曼施泰因必须在未来的数天内取消第4装甲集团军的解围行动，他希望第6集团军能利用这最后的机会。

也是在18日当天，曼施泰因派遣集团军群司令部的情报处长艾斯曼少校携带集团军群的建议抵达第6集团军司令部，向集团军各级将官做了传达，并介绍了友军部队的进展情况。曼施泰因坦言：集团军已经无力单独做出解围行动了，第6集团军若欲脱困，必须主动与第4装甲集团军进行协同，在西南方向实施佯攻，以减轻第4装甲集团军正面的压力。他小心地使用着"突围"一类的字眼，但字里行间仍是希望第6集团军能主动选择突围行动，直至与解围部队会师。

没得到希特勒或者曼施泰因明确撤退命令的情况下，保卢斯自己仍不敢擅自突围，他向艾斯曼陈述了集团军群突围的困难，认为如若撤离当前的防线，自己可能遭到苏军的凶猛追击。参谋长施密特也支持保卢斯的观点，他甚至认为，解救集团军是希特勒和曼施泰因不容推卸的责任，而集团军的任务只是在救援到来自前依靠充分的补给尽量坚守而已。施密特借机对集团军群在提供补给上的不力进行了声讨，艾斯曼百般解释也是无济于事。除二人以外，第6集团军的许多将领却都有撤退之意。

12月19日，解围行动出现了回光返照式的成功。第57装甲军成功地突破苏军的防线，迅速通过阿克萨伊河，到达梅什科瓦河以北的地区，距离包围圈已经不过 50 公里了，解围行动迎来最有利的契机。

为此，曼施泰因再次向最高统帅部请求，建议立即准予第 6 集团军向西南突围，向第 4 装甲集团军靠近，但该建议却迟迟得不到回应。

当日下午，曼施泰因又向第 6 集团军发出命令，以获取地面补给的名义，要求其向西南方向发动进攻。在该命令中，曼施泰因仍是不敢明确提出突围的意思，他将突围放在另一个行动计划（代号"霹雳"）中，而该计划能否付诸实施，尚须等待最高统帅部的命令。可以想见的是，保卢斯对这一命令，也只能置之不理了。

眼见空中补给困难的希特勒竟然同意了曼施泰因给予保卢斯命令的前一部分内容，即准许第 6 集团军在西南为争取补给而实施突围，但其前提是必须坚守东、北、西三面的防线。这样的命令让曼施泰因哭笑不得，在有限的物资储备情况下，被围已近一个月的第 6 集团军怎么可能完成这种艰巨的作战任务呢？何况，即使成功打开补给通道，基于整个南方战场安全的考虑，第 4 装甲集团军也没有时间长期维持其畅通，苏联人也绝不会允许这样的情况发生。

对于曼施泰因 19 日下午的命令，第 6 集团军司令部再次做出了回应。但他们认为，突围行动势必造成重大伤亡，而且没有希特勒的命令，突围行动根本就没有实施的可能。即使是实施突围，集团军也需要 6 天的时间，但曼施泰因认为这么长的时间是集团军群无法接受的。在保卢斯看来，为突围而进行的集结兵力可能致使其他三面防线被苏军突破，但曼施泰因则认为，这完全是指挥者能力的体现了。一旦德军能迅速发动突围，势必减弱苏军对其他三面防线的攻势，其他防线则可能得以保持，并渐次退出防守区域。

战马被大量宰杀用以充饥，燃料储备即将告罄，第6集团军的机动能力已经大大减弱了。保卢斯声称以现有的燃料储备量，第6集团军只能向西南前进30公里，这显然不足以供集团军完成突围行动。曼施泰因告诉他，燃料问题可以在部队集结和突围过程中逐步解决，若等燃料储备达到基本需求再行动，必然错失良机。而且一旦第6集团军发起攻击，减轻负担的第4装甲集团军向前推进20公里也不是不可能的事。但得知保卢斯这一理由的希特勒总算找到了拒绝曼施泰因突围请求的好借口，他对曼施泰因说："你到底想做什么？保卢斯自己已经说了，最多只能前进30公里，第6集团军不具备实现突围的条件。"

在12月19日之后的一周时间里，曼施泰因冒着极大的风险，要求第4装甲集团军在梅什科瓦河以北坚守。但集团军群左翼防线却出现了重大危机。

先是，在苏军20日之前发起的进攻中，意大利集团军已经彻底溃散了，霍利特集团军级支队的翼侧完全暴露在苏军的火力之下，苏军极有可能径直朝罗斯托夫扑来。为此，曼施泰因下令该支队转身对自己的侧翼实施防守。但没等德军部署妥当，防线即已出现漏洞，罗马尼亚第3集团军的部队不堪重负，擅自撤离防线，霍利特集团军级支队遭到苏军的两面夹击，翼侧一度无法维持防线，苏军一度突击到顿涅茨河以北地区。之后的两天，甚至该部的正面防线也被突破。

霍利特集团军级支队已经是集团军群在左翼仅剩的成建制战斗力了，它的身后就是为第 6 集团军提供补给的莫罗索夫斯基和塔琴斯卡亚两大空军机场，一旦该部防线被突破，不仅第 6 集团军将无法得到就近补给，整个集团军左翼的重要陆路通道——位于福尔和斯塔德特城及以西河段上的顿涅茨河渡口也将受到威胁，基于此该部必须尽力重建防线。

面对苏军对罗斯托夫的威胁，最高统帅部已无力施以救援了。12 月 22 日，陆军总司令部要求霍利特集团军级支队继续在北线坚守，其实，该部的防线早已丧失。该支队在重新投入战斗之前，必须先行集结溃散的德军和罗马尼亚军队，重组防线。

整个南线德军被包围的危险已近在眼前，曼施泰因不得不做出一个重大决定了。由于无法再从其他地域获得防守部队了，顿河集团军群需要缩短战线，避免被全面包围，第 4 装甲集团军的解围行动也必须停止。

过了两天，到 12 月 24 日，随着苏军从德军左翼大规模快速部队的突入，霍利特集团军级支队又有被包围的危险。

在顿河以东，第 4 装甲集团军的进攻也遭遇阻碍。虽然他们在梅什科瓦河以北成功登岸，并建立巩固的防线，迫使苏军不得不调集大量部队进行堵截，但第 57 装甲军也因此被迫停下脚步。但由于第 6 集团军一直不愿进行突围，到 25 日，在苏军的连续猛攻下，第 4 装甲集团军向曼施泰因报告，集团军已经无法坚持了。

为了缓解苏军对集团军群左翼的安全，曼施泰因决定依次从顿河河曲和顿河以东地区调回部队防守。首先奉命回援的隶属罗马尼亚第 3 集团军的第 48 装甲军的第 11 装甲师，该师正奉命在奇尔河下游坚守。为了填补第 11 装甲师留下的防线漏洞，曼施泰因要求第 4 装甲集团军迅速抽调一个师移防。

曼施泰因为自己感到庆幸，就在调回第 11 装甲师的第二天，即 12 月 24 日，塔琴斯卡亚空军机场被苏军占领，在第 11 装甲师的补防下，德军在 12 月 28 日成功地夺回了该机场。

希特勒也不得不同意采取守势了，他赞成使用作为预备队的第 7 装甲师，并将仍在高加索地区担任警戒任务的第 16 摩托化师撤回参与防守，但这样的兵力部署已经落后于形势，德军的败局初显了。

曼施泰因必须吸取第 6 集团军在斯大林格勒的教训，避免孤军作战，以致被敌军长期吸引在一点上，这样将可能再次出现被苏军合围的局面。因此，当第 4 装甲集团军不能坚守时，他果断命令该集团军迅速后撤。事后发现，苏军的两个集团军正准备对该集团军实施合围。

12 月 28 日，第 4 装甲集团军又撤回到出发地科捷利尼科沃城。当然，除了苏军凶猛的攻势之外，迫使该集团军撤出战斗的原因也来自于友军。当时，随同第 4 装甲集团军实施解围行动的罗马尼亚第 4 集团军的各部已经不愿再战，这样德军就将失去侧翼保护，无法继续前进了。至此，曼施泰因的"冬季风暴"计划搁浅，解围行动暂时宣告失败。

曼施泰因的注意力已经转移到左翼了。苏军由于在奇尔河久攻不下，就将注意力转到德军的左翼，试图夺取莫罗索夫斯基和塔琴斯卡亚两个机场，彻底切断第 6 集团军的补给线路。

12 月 26 日，在同意第 4 装甲集团军回撤之后，曼施泰因对下步行动计划向陆军总司令部做了报告。他认为，在左翼防线出现危险的时候，顿河集团军群不得不将防线后撤至顿涅茨河以东地区，以确保两大机场的安全。但为了以防万一，应该利用最高统帅部增加运输机数量的机会，尽快将第 6 集团军所需的燃料和物资如数运达。到此时，曼施泰因对成建制救出第 6 集团军已经不抱大的希望，只希望能尽可能地拯救出更多的部队。

同时，由于从左翼突入的苏军形成对罗斯托夫的威胁，为了保证 A 集团军群的退路安全，尚需要从 A 集团军群抽调 1 个师负责该城的防守。

如今，第 4 装甲集团军已经成为德军解救行动的唯一期盼。为了保证该集团军的突击能力，必须迅速抽调 A 集团军群的装甲部队充实之。如果这些部队能在一周之内赶到第 4 装甲集团军驻地，那么，该集团军将可在 12 月底以前再次行动起来。

曼施泰因的调兵请求被希特勒和 A 集团军群司令部拒绝。12 月 27 日，为了劝说希特勒，曼施泰因又向他呈送了一份当时的兵力状况调查。据该材料分析，A 集团军群在进入高加索后并未进行大规模的进攻作战，多是依托坚固工事进行防守，兵力损失不大，完全可以抽调出 3 个师的兵力。但希特勒这时尚不愿意退出高加索，不愿过于削弱该地区的军事存在。

第 4 装甲集团军从梅什科瓦河北岸退回后，第 6 集团军感到了更大的压力。12 月 26 日，保卢斯向曼施泰因报告道，由于正值隆冬，气温已达零下40℃以下，部队作战受到极大的限制，损失越来越大，加之补给的缺乏，各部的战斗力已经大不如前，仅能应付苏军小规模的进攻；如果苏军调用对付第 4 装甲集团军的部队进攻本集团军，防线崩溃就在眼前。保卢斯认为，在这种情况下，集团军若想突围成功，必须首先由解围部队打通补给线方才可能，而这种要求对曼施泰因来说也是难之又难的事。第6集团军已经丧失了成功突围的最后机会。

据曼施泰因所知，在第6集团军一度流传着一个消息，说是曼施泰因在一份给集团军司令部的电报中言道："坚持住，我会把你们救出来！"曼施泰因可能确未发出过这样一份电报，但面对数万将士的翘首以盼，他也是深以为愧。

但希特勒还在不断为第6集团军鼓劲，他声称他将从西线调来一个党卫队装甲军，从哈尔科夫出发实施解围行动。

1942过去了，时间已进入1943年了。1月初，对来大本营报告情况的第6集团军所属的第14装甲军参谋长胡贝将军，希特勒拍着胸脯道，他必将倾全力为第6集团军提供补给，并告知了之后的解围计划，他甚至下令由胡贝直接负责对第6集团军的物资接济。为了提升保卢斯的战斗意志，希特勒晋升他为大将。

1月9日，苏军向第6集团军发出令其投降的通牒，被保卢斯拒绝。曼施泰因显然也不愿意该集团军这个时候就宣布投降，一方面是该集团军尚有一战之力，立即投降是不可能的，另一方面，由于该集团军的牵制，近百万的苏联军队被迫止步于斯大林格勒一线，这为顿河集团军群和A、B两集团军群重新布置防线提供了重要契机，在战线稳固下来之前，德军南线的整体局势也需要该集团军尽量坚持。到此时，曼施泰因也只能承认，解围希望已经几近于零了，第6集团军仅在为荣誉和德国而战了。

随后，苏军对第6集团军展开歼灭战，在坦克和火炮的掩护下，他们从各个方向上发起进攻。第6集团军的西部防线最早出现危机，多处被苏军突破。

12 日，德军形势急剧恶化，按保卢斯的说法，当时第 6 集团军伤亡惨重，弹药仅够三日之用，粮食接近断绝，重型武器已经形同废铁；而苏军已经实现数次纵深突破，如若形势不变，在之后的数日内，集团军将被分割包围；补给对集团军已经意义不大了。就在当日，由于天气情况恶化，空中补给再次断绝。包围圈内用于对外联络的皮托姆尼克机场被苏军占领，仅剩古姆拉克机场尚可起降飞机。

1 月 13 日，保卢斯派人送来集团军的战时日志，还有给曼施泰因的亲笔信，在信中，保卢斯肯定了集团军群在解围行动上付出的努力，但对在补给上无法满足集团军需要的状况倒是颇有怨言。其实，这多少已经超出曼施泰因的能力范围了。

曼施泰因已经无意向第 6 集团军提供兵力援助了，一切变得都毫无意义，他仅允许愿意返回的第 6 集团军军官进入包围圈，他只能在补给上尽最后的一点心意了。在米尔希元帅接管了对 6 集团军的补给事宜之后，曼施泰因恳求他一定坚持到最后时刻。虽然表示此时对集团军的大规模补给颇有些困难，但米尔希还是表示将努力到最后一刻。

1 月 22 日，包围圈内的最后一个机场也被苏军占领，第 6 集团军的补给形势更趋恶化。保卢斯终于陷于绝望之中，集团军弹药和食品几近断绝，他希望希特勒允许他与苏军进行投降谈判。他的这一要求得到曼施泰因的理解，第 6 集团军已经无力实施牵制了，曼施泰因为此与希特勒爆发了激烈的争论，在长达三个半小时的谈话中，希特勒不肯做丝毫让步，他拒绝了保卢斯的请求。

此时，B 集团军群所属的匈牙利集团军的防线被苏军突破，顿河集团军群的侧翼出现了一条宽达数百公里的缺口，许多部队都面临被苏军包围歼灭的危险，B 集团军群有覆灭之虞。希特勒认为，在这种严峻的局势之下，第 6 集团军多坚持一天，就可能使南线的两个集团军群多一天安全。希特勒也是极不信任苏联人的承诺，他相信苏联人绝对不会如约善待德军俘虏的，与其如此，还不如战斗到最后一人为止。从另一个方面来讲，近十万人的集体投降也将使希特勒颜面无存。

劝服不成，曼施泰因也是深感沮丧。近一个月来，他几度想辞职不干了，这种即使为了实施各类小规模的军事调动都须与希特勒反复辩论的日子已让人伤透脑筋，而不利的战局本就让这位临危受命的元帅颇为烦心了。

1 月 5 日，曼施泰因曾正式递交过辞职信，他向蔡茨勒讲道，现在集团军群已经不需要司令了，只要总参谋部设立一个后勤分管机构就够了。

在下属的反复劝说下，曼施泰因冷静下来了。在战局不利的情况下，指挥员不应只是想着如何摆脱责任，而是应该想着如何尽量保存部队元气，带领将士们摆脱困境，即使是违背元首的意旨。

1 月 24 日，保卢斯向陆军总司令部报告说，局势已经无可挽回了，集团军已经被苏军分割为三段，相互之间的联系已经断绝。他决定在西南方向集中现有兵力拼死突围，希望能得到批准；他也准备将部分专门人才送出包围圈，希望总参谋部能提供人员名单。但直到此时，希特勒仍然拒绝了保卢斯的突围请求，虽然保卢斯此时也无力将其旨意付诸实施。

德国陆军元帅弗里德里希·冯·保卢斯在斯大林格勒包围圈中

　　A集团军群还需要更多的撤退时间。12月29日，在蔡茨勒的多次劝说下，希特勒终于答应将A集团军群撤出高加索地区。但由于装备损失的严重，运输力量的缺乏，撤退工作进展得非常缓慢，许多部队还滞留在阵地上。

　　为了掩护A集团军群的撤退，第4装甲集团军尚须在科捷利尼科沃地区坚守。从1943年1月初开始，苏军对第4装甲集团军的阵地展开了凶悍的攻击，该集团军被迫且战且退。到1月9日，该军撤退至萨尔河以南地区。由于苏军试图对该集团军实施包围，因此，该集团军既不能退得过快，以避免因战线被过度压缩而使得A集团军群失去撤退路线，又需要尽力摆脱苏军的包围作战，战事颇显被动。

在顿河河曲北部的霍利特集团军级支队也无法守住阵地了，被迫向南撤退，而其在卡加利尼克地区所布置的新防线也已被苏军占领。1月7日，一股苏军小部队竟然在集团军群司令部驻地新切尔卡斯克以东地区渡过顿河，但未能威胁到司令部本身。到1月中旬，苏军部队已经接近福尔赫斯塔德特附近的顿涅茨河渡口，德第7装甲师层层抵抗，但成效不大。

1月24日，A集团军群的部队还有不少仍远在罗斯托夫以南150多公里以外的地区，陆军总司令部总算接受了曼施泰因要求将A集团军群第1装甲集团军划归其指挥的请求，为了保证该集团军能经过罗斯托夫地区，再渡过顿河参加伏罗希洛夫格勒附近的战斗，曼施泰因要求第4装甲集团军必须在罗斯托夫东南地区坚守。霍利特集团军级支队也已经撤退到顿涅茨河下游以南地区，在沿河的南岸建立防线。原属B集团军群的弗雷特—皮科战斗军群——由两个师组成——也划归顿河集团军群，曼施泰因让其负责霍利特集团军级支队左侧的顿涅茨河防线。德军在顿涅茨河下游地区尚能在河岸地区坚持防线的稳定，但在伏罗希洛夫格勒以西地区，苏军通过由于B集团军群的溃散而形成的德军防线的缺口而攻到了顿涅茨河南岸纵深地区。

到1月底，保卢斯再坚持不住了。31日，刚被晋升为元帅的他向苏军投降。2月1日，仍在斯大林格勒坚持战斗的德军也宣布投降。自此，斯大林格勒地区的战事以苏军的胜利而告终。德国第6集团军司令，自保卢斯元帅以下 23 名将官和 9 万德军士兵全部被俘，集团军两个月来以 14 万人阵亡为代价换来的仍是全军覆没。

1943 年 1 月 30 日，刚刚被授予德国陆军元帅军衔的保卢斯便于次日率德第六集团军向苏军投降

此役关系重大，多被战史专家视为第二次世界大战苏德战场的转折点，按照德军总参谋长蔡茨勒的说法："我军在斯大林格勒损失的 25 万官兵，等于是打断了整个东线战场的脊梁骨。"但相对于 1 个集团军的损失而言，德军更大的不利之处在于：战争的主动权已经转移到苏联人手中，尽管此后德军在南线仍有不错的战绩，但两次进军顿河流域未果，也证明了德军兵锋的极限所在。令曼施泰因大吃一惊的是，希特勒竟然主动承担了斯大林格勒失败的全部责任，包括其错误地相信了不负责任的戈林的妄言。

相关链接：

斯大林格勒的空中补给线——容克 52 型运输机

容克 52 型运输机是 1928 年由容克公司首席设计师恩斯特·辛多在早期单发动机型号基础上设计的。该机共装有三台发动机，机翼两台、机头一台，大大增加了飞机的安全性。机身包裹着波纹铝皮，固定起落架也颇适合野战机场着陆的需要，战争爆发后该机型又有若干改进型号。

1933 年，容克 52 型运输机作为民用飞机开始投入使用，空军不少人员也通过驾驶该型飞机而获得不少飞行经验和数据。该机最大时速达每小时 275 公里，飞行高度达 5900 米，最大航程 1285 公里，最大起飞重量达到 10 吨以上，成员 2 至 3 人，战时配有 3 挺机枪以作为防卫之用。

由于其出色的载重能力和野战适应能力，还有其坚固耐用的结构，容克 52 型运输机一经出现，就得到德国空军的喜爱。战时，容克 52 型运输机成为德军最主要的运输机，为被包围在北非和斯大林格勒等地的德军提供了大量的补给需要，德军亲切地称之为"容克大婶"。

与其他机型相比，速度慢、自卫能力弱成为该机型的重要短板，这使它在战时遭受了巨大损失。

哈尔科夫：最后的反击战

　　如同 1941 年夏季一般，但此次犹有过之，德军在南线再次败退。为了尽力减少损失，曼施泰因及其所属的集团军群还在为生死存亡而战，曼施泰因更是将其重要性提升到关乎整个东线战争全局安危的高度。在这次大撤退中，德军的目的不再是追求胜利，而是更多地保存陆军的元气，避免全局性的崩盘，不出现大损失就是胜利。

　　德苏之间上演的是一场生死时速般的战斗。德军的整个南线部队与大后方的联系均须通过位于第聂伯罗彼得罗夫斯克上的第聂伯河渡口，而该渡口距斯大林格勒 700 公里，距离高加索德军部队的左翼 900 公里以上。而苏军的顿河防线距该渡口仅 400 公里，这样一个距离按装甲部队的速度，最快 1 周时间即可到达，而德军的回防速度还将受到并不畅通的铁路线和数道河流的阻隔。因此，为了保存整个南线德军的有生力量，德军必须赶在苏军之前在第聂伯河以东和顿涅茨河以南地区建立防线，防止被苏军切断后路。

但苏德双方兵力上的巨大悬殊必将影响德军战略任务的完成。据统计，到1943年春季，即使曼施泰因的集团军群兵力得到极大的补充，但苏德双方的兵力对比仍是达到惊人的7：1。虽说人数并不是决定战斗胜负的唯一因素，但苏军与其人数优势相应的是他们在炮兵和坦克数量上的巨大优势。

在1942年夏季攻势止步不前之后，德军在东方战场的南翼形成了绵长而薄弱的防线，这为苏军实施纵深突破并进行大迂回、大包围提供了绝好的契机。事后来看，德军在苏军实施突破的初期有两条路可避免更大的损失：

一是在苏军对第6集团军的包围圈未完全形成之前，立即将该集团军撤出伏尔加河流域，并从后方大量前调部队，在顿河河曲地带重新设置防线，这样可尽量保存夏季攻势中所取得的成果。但由于希特勒一直不愿撤出斯大林格勒，而且德军也无援军可派，这条路是行不通的。

二是在苏军实现对第6集团军的包围后，迅速将A集团军群和顿河集团军群撤出顿河流域，恢复到夏季攻势之前的态势。在撤退的过程中，将主要兵力集中在左翼的哈尔科夫一线，一旦苏军对德军右翼的第聂伯河渡口地区发动攻击，左翼的德军可以向前插，以包围追击的苏军，从而反败为胜。

虽然曼施泰因在确认第6集团军救援无望之后确实对希特勒提到过第二种建议，但没能得到准许。现在，第6集团军虽然已经全军覆没了，但这一策略还未完全过时。

说来容易做来难。为了实施这一计划，由于不具备整个南线德军的指挥权，曼施泰因不得不首先与苏军，其次是与最高统帅部和 A 集团军群等各个方面较劲，以求尽可能造成对南线德军有利的态势。

可以说，从曼施泰因被迫将用于解围的霍利特集团军级支队放到顿河防线上之时，顿河集团军群的战略已经在不自觉地朝着这个方向转变了。以后抽调第 4 装甲集团军的部队弥补奇尔河下游防线缺口的举动更是如此。但到第 4 装甲集团军被迫撤出解围行动之后，曼施泰因才将战略撤退作为主要的关注点。

1 月上旬，由于第 4 装甲集团军的向南撤退，苏军从顿河以南渡过顿河，威胁到德军奇尔河防线的背后安全，负责该地防线的米特集团军群不得不西撤至顿涅茨河下游的东部地区。在左翼，随着霍利特集团军级支队的南撤，北部防线宣告失守，加之罗马尼亚和意大利集团军尾随德军撤出战斗，整个顿河集团军群的西部防区已完全对苏军敞开，苏军既可东向包围位于顿涅茨河地区的霍利特集团军级支队，也可南向直下罗斯托夫。

但从东线回撤第 4 装甲集团军的命令还不能即时下达，因为此时的 A 集团军群还未走出自己在高加索的阵地。顿河集团军群既要向西撤，又需要避免因自己撤得过快而使友军陷入被包围的境地，左右为难。

12 月下旬，在因意大利军队擅自撤退而使集团军群左翼完全暴露之后的数天内，曼施泰因多次向蔡茨勒强调了罗斯托夫所面临的威胁。这促使蔡茨勒加大了对希特勒的劝说力度，迫使希特勒同意将 A 集团军群从高加索地区撤出来。但希特勒一度试图让 A 集团军群在罗斯托夫以南地区建立防线，这样的部署并不能缓解顿河集团军群左翼所面临的威胁。由于缺乏预备部队，要巩固顿涅茨河以西地区的防线，A 集团军群必须全部撤出顿河以南地区。

但 A 集团军群的撤出也颇有困难。除了希特勒上述的意图之外，由于 A 集团军群长期没有专职的司令，部队缺乏统一的管理，撤退工作一直难以有效组织。A 集团军群之前在高加索山地进行的艰苦的阵地战中，许多装备都被固定下来，人员、物资都为阵地战的作战模式准备着，突然之间要完成大撤退，大量的装备和物资的转移成为老大难问题，部队一时难以适应机动灵活的作战方式。

A 集团军群的撤退工作是从 1943 年 1 月 1 日开始实施的。但很快，因为有大量的伤员和物资需要转运，A 集团军群要求为其准备 155 辆列车。由于列车运力有限，A 集团军群打算分批撤出，计划于 1 月底到达高加索北部地区。

站在曼施泰因的位置，由于无法直接指挥 A 集团军群的撤退行动，他只能以集团军群司令部的名义不断催促 A 集团军群加快行动步伐。20 天后，A 集团军群的先头部队到达罗斯托夫以南 150 公里的位置。到 1 月底，A 集团军群终于靠近罗斯托夫了。在这期间，曼施泰因的部队不得不在顿河两岸苦守。

为了掩护 A 集团 军群的撤退，到 1 月下旬，第 4 装甲集团军在顿河以南的马内奇河以西地区建立防线。但即使如此，在该集团军与顿涅茨河之间的友军之间仍是形成了一道约 100 公里宽的缺口，苏军 1 个集团军的兵力一度渡过马内奇河,绕到第4装甲集团军的背后,第4装甲集团军和A集团军群有被分割在顿河南岸的风险。

第4装甲集团军已经是久战疲兵了,它已经在顿河东南地区苦战一月有余,兵力却一直没能得到加强,甚至一度还被调走一个师。到1月中旬为止,集团军群只为该集团军争取到两个师的补充兵力。但到1月下旬,该集团军正面的苏军兵力已经达到3个集团军的规模。苏军数次试图在该集团军两翼实施突破,但均被该集团军挫败。

第4装甲集团军自保尚可,却已经无力顾及罗斯托夫了。在集团军群的战略选择中,只有成功掩护A集团军群的撤退才能稳固顿涅茨河防线,这实际上是在罗斯托夫唱起了空城计,而苏联竟然也未从顿河左岸对该城实施大规模的攻击。但1月7日,苏军的一个小分队竟然渡过顿河,到达距集团军群驻地20公里的地方,司令部成员不得不亲自披挂上阵,方才赶走了苏军。

为了保证集团军群司令部的安全,适应战线西移的需要,曼施泰因将集团军群的司令部后撤至亚速海沿岸城市塔甘罗格,该城也有东西向的铁路通过。

1月14日,第1装甲集团军总算撤到马内奇河以东的地域。曼施泰因想着,这下总可把第4装甲集团军撤回防守罗斯托夫了吧,却没想到在这一刻,希特勒对是否让A集团军群撤出高加索地区这一决定又起了犹疑。

进入到1月的下半月,霍利特集团军级支队已经成为集团军群在顿涅茨河以下进行防御的主要支撑力量。到此时,该集团下辖3个装甲师和4个步兵师以及若干零散部队，负责从奇尔河口到顿涅茨河一线的防御。但在苏军的步步紧逼下，该支队不得不一再后撤，到1月下旬，终于在顿涅茨河下游地区建立起稳固的阵地。该支队之所以能完成掩护任务，关键在于对装甲部队的成功使用。由于突击力量的缺乏，该支队不得不让装甲师充当战场救火员的角色，装甲部队也是不负所托，时而反突击，时而截击，时而发起冲锋，使苏军在顿涅茨河一线不能前进一步。第6集团军的牵制作用在此处得到了完全的体现，若是斯大林格勒一线的苏军倾巢而出，霍利特集团军级支队绝对难以支持。

1月19日，在顿河集团军群的左翼，随着匈牙利顿河防线的崩溃，B集团军群不得不将它的右翼撤到旧别利斯克北部地区。这样，在伏罗希洛夫格勒以北地区，德军防线再次出现巨大缺口，通过这一缺口，苏军不仅可以直接威胁顿涅茨河下游地区，最关键的是，在苏军渡过顿涅茨河之后，尚在河曲地带和顿河以南的德军两个集团军群将被切断了退路。

危急时刻，曼施泰因向陆军总司令部建议，现在必须将顿河以南的部队全部先撤到顿河集团军群的左翼，避免整个南线德军的覆灭。但此时的希特勒对高加索地区还抱有幻想，他试图让A集团军群在库班河一线建立巩固的阵地，为德军卷土重来先安上一个钉子。

从伏罗希洛夫格勒以北的缺口处，苏军的3个坦克军和1个步兵军迅速突入。眼见不能寄希望于希特勒，霍利特集团军级支队以两个装甲师的兵力对苏军左翼实施的反突击，暂时稳定了福尔赫斯塔德特附近的局势。之后，该支队撤往顿涅茨河河段。

苏军此时正筹谋着彻底解决顿河集团军群。到 1 月 16 日，苏军的两个军出现在新切尔卡斯克以东的顿河地区，罗斯托夫和顿涅茨河防线的后方均在其兵锋之下。但直到两天后，陆军总司令部才允许将第 4 装甲集团军的一部撤往罗斯托夫。

1 月 20 日，苏军以 4 个军的兵力渡过马内奇河，对罗斯托夫展开攻击，苏军的装甲部队已经接近罗斯托夫机场了。第 16 摩托化师在顿河以南攻击苏军的左翼，但难以阻止苏军前进。

为了夺取罗斯托夫，苏军同时对第 4 装甲集团军和霍利特集团军级支队发起攻击，企图阻止两部分兵支援罗斯托夫，直到其完成对顿涅茨河沿线德军的合围为止。同时，顿河集团军群左翼也有被苏军包抄之势。

罗斯托夫是德军撤退的必经之路，不容有失。曼施泰因将本打算西调的霍利特集团军级支队的两个师投入到罗斯托夫前线，对苏军发起了反突击。但由于燃料缺乏，空军的协同又无法实现，德军的积极防御措施并未取得明显效果。

眼见罗斯托夫危机日促，希特勒不得不同意第 1 装甲集团军部分部队的西撤，以投入到顿河集团军群的左翼参与防守。但由于需要保证 A 集团军群其他部队的安全撤出，第 1 装甲集团军不得不放慢撤出的速度。

1 月 23 日，顿河集团军群的防守压力再次增加，陆军总司令部将原属 B 集团军群防区的旧别利斯克和顿涅茨河之间的地区划归曼施泰因负责。该地段在苏军 3 个装甲军的突击下，已经不存在任何防守部队了，之前退到旧别利斯克的德第 19 装甲师在西撤的途中损失惨重，师长阵亡，已经无力组织有效的防御了。

1月24日，几经犹豫的希特勒终于同意将第1装甲集团军全部撤出高加索地区，但由于其撤退速度缓慢，曼施泰因也不敢保证其能顺利通过罗斯托夫。但A集团军群也转变了态度，希望曼施泰因能全力保障撤退通道的安全。

第二天，苏军在罗斯托夫以东地区的攻击终于被德军阻击下来，该城的危机得以暂时解除。但苏军似乎已经觉察到德军的意图，他们在第4装甲集团军的南翼发起突击，试图切断第1装甲集团军和A集团军群的联系，并包围该集团军群。

鉴于这种形势，1月27日，希特勒将第1装甲集团军的一部划归顿河集团军群，曼施泰因立即要求其中的1个师与第4装甲集团军协同作战，粉碎苏军企图围歼A集团军群的计划，其余部队则迅速驰援顿河中游地区。1月31日，划归顿河集团军群的第1装甲集团军所部经过罗斯托夫，该集团军的其余部队则被希特勒调往库班岛。负责掩护的第4装甲集团军的防线也后移到顿河三角洲地区。

1月29日，曼施泰因的司令部再次西迁至斯大林诺城。随着集团军群战略重心转到顿涅茨河以南，从24日开始，霍利特集团军级支队所属各部也已依次将防线后撤。

顿涅茨河以南地区蕴藏有丰富的煤矿资源，希特勒在发动对苏战争的初期之所以选择南线作为主攻方向之一即在于此，在他的设想中，这一地区丰富的煤矿资源不仅对德军的持续作战是一大助力，且将大大削弱苏联的制造工业的生产能力。但是否能将该煤矿据为己有，关键当然是军事上的成败，现在，两军又需要在这一地区展开生死较量了。

但曼施泰因并不认为顿河集团军群能以现有的兵力守住这一地区。早在 1 月 19 日匈牙利集团军防线崩溃之际，曼施泰因就上书蔡茨勒，认为若想坚守住顿涅茨河一线，必须从其他战线和国内向哈尔科夫一线增派强大的作战兵团，仅靠计划集结的党卫军装甲军是不可能保证战线稳固的。只有尽快地实现兵力的大规模投送，并在哈尔科夫地区击退苏军的反击，德军才能在苏军突破顿涅茨河防线前稳住阵脚。

与曼施泰因的预想一致，苏军加强了在顿河集团军群左翼的攻击。2 月 2 日，苏军的 3 个装甲军、1 个机械化军和 1 个步兵军组成的攻击集群的一部在伏罗希洛夫格勒以东地区渡过顿涅茨河，他们的手下败将意大利人迅速溃散。为了稳固这一地区的局势，曼施泰因以 1 个装甲师据守滩头阵地，苏军一时无法前进，避免了苏军对罗斯托夫的直接威胁。在更远的左翼，占领旧别利斯克的苏军正向南移动，试图渡过顿涅茨河迂回到曼施泰因的西侧防线。

由于最高统帅部未能在哈尔科夫地区集结起足够的支援兵力，曼施泰因决定缩短集团军群右翼的防线。除了撤出第 1 装甲集团军所部外，关键是如何将第 4 装甲集团军安全转移。由于第 6 集团军的覆亡，曼施泰因认为，苏军之后可能将斯大林格勒地区的苏军投入到哈尔科夫以南的地段，实现对两大集团军群的分割并完成对顿河集团军群的大包围。为了避免出现这种局面，曼施泰因需要缩短防线，集中兵力。他计划将集团军群的东部防线撤到塔甘罗格以西的米乌斯河一线，这里还留有 1941 年德军从罗斯托夫撤出后构筑的阵地。

为劝说最高统帅部同意这一计划，在送交希特勒的电报中，曼施泰因认为固守整个顿涅茨河防线的战略将是德军前一年在顿河一线战略方针的翻版，在兵力相对不足的情况下，苏军可能像在斯大林格勒一样，在德军防线的任何一处实施突破。如若这样的突破发生在顿涅茨河中游，顿河集团军群很可能被苏军全部包围。若能缩短防线并成功坚守下来，德军可在之后从哈尔科夫地区发起攻击，从苏军防线的缺口处迅速突入，并向南迂回，实现对苏军左翼的合围。

但希特勒还是有些犹豫，不愿在还未出现大危机之前就主动放弃所取得的地盘。他寄希望于党卫军的装甲师能阻止住正在向顿河集团军群左翼实施迂回作战的苏军，但这个师现在本身的防线都将不保。

2月4日，苏军从高加索地区向罗斯托夫前线增调了两个集团军，第4装甲集团军的压力骤然增大。苏军并未在库班岛前线停驻更多的部队，希特勒试图以A集团军群留在高加索地区的40万人吸引苏军兵力的想法成了奢望。而从斯大林格勒方向也有苏快速军正往罗斯托夫而来。

旧别利斯克以南的苏军终于渡过了顿涅茨河，苏军并未遇到德军的抵抗，他们很顺利地抵达斯拉维扬斯克城北，并占领了该城西边的伊久姆。

面对左翼的严重局势，而又未能为霍利特集团军级支队争取到撤退的命令，本打算投入左翼的第1装甲集团军所部又在沿海地带行进缓慢，尚须数日才能到达斯大林诺地区。顿河集团军很可能在撤退到米乌斯河和巩固住顿河中游防线之前就被苏军合围起来。

时不可待，曼施泰因决定亮出杀手锏了。2月5日，曼施泰因郑重地向陆军总司令部发出了一份电报，其内容大致如下：

顿河集团军群已经到了万分危急的时刻，为挽救局势，一方面恳请允许本集团军群将顿涅茨河下游地区的部队撤退到米乌斯河一线，以缩短防线；另一方面，鉴于集团军群有被苏军从左翼合围的态势，总司令部应该在经过第聂伯罗彼得罗夫斯克的补给线上部署防空部队，保证补给线的空中和地面安全。同时，请加强第聂伯河一线的防御，目前至少应该准备一个军的兵力。为了以防万一，总司令部应该立即为顿河集团军群准备空中补给，以应付顿河集团军群后路被集团后的物资需要。

当然，在顿河集团军群被包围之前，尚希望总司令部能加大对顿河集团军群的物资补给，因为此时对 B 集团军群的补给任务已经大大减轻了。照本集团军群之前的建议，一旦党卫队装甲师达到哈尔科夫，望令其迅速往伊久姆防线进击。

不出所料，希特勒显然被曼施泰因要求为其准备空中补给的建议吓住了。2 月 6 日，希特勒将曼施泰因召到元首大本营面谈。这次谈话的结果是，将南线德军从不利局面下解救出来，但也仅此而已。关于这次谈话的细节，曼施泰因在他的回忆录中作了全景展现。

两人争论的焦点集中在两个问题上，一个关键的问题是关于最高军事指挥权的问题，另一个就是顿河集团军群的下一步行动计划。

对于第一个问题，希特勒虽然毅然承认了他在斯大林格勒惨败事件上的指挥失误，并深感惭愧，但对曼施泰因提出的另设一个总参谋部的观点，希特勒以担心无法得到戈林的接受为借口拒绝了他。

在顿河集团军群作战行动选取这一具体问题上，希特勒明显表示不愿意放弃干预。曼施泰因在陈述意见的时候，重申了之前的主张，要求将第 4 装甲集团军和霍利特集团军级支队撤到米乌斯河以西、顿涅茨河以南的地区。他强调，如果不撤回第 4 装甲集团军，这条防线的安全也将无法得到保证。

相反，希特勒认为目前南线德军还远未到非撤退不可的地步，他相信，即将到来的党卫军装甲部队必将打破苏军在集团军群左翼的迂回行动。但很明显，到当时为止，该军还远没到完成集结的时间，曼施泰因不敢将整个集团军群的命运寄托在如此不靠谱的因素上。

若按着曼施泰因的意思缩短德军防线，希特勒担心也将使苏军的攻击队形更为密集，德军的压力丝毫不会减小，防线依然面临被突破的危险。但这在曼施泰因这样的统兵大将的眼中，此时正好是双方斗智斗勇的绝好时机，而不至于突然陷入无法挽回的被动局面。

在希特勒看来，苏军几个月来一直陷于艰苦作战和突击行动，士兵必定陷于疲惫不堪的状态，部队后勤补给上的困难必将阻碍其大规模迂回包抄行动的实现。曼施泰因虽也承认苏军近来损失不小，但他同时强调，苏军强大的后勤补给能力能很快弥补部队的损耗；相反的是，长期作战的德军已遭到严重损耗，很多部队都不满员。两相比较，德军的劣势极为明显。

对于希特勒一直强调的顿涅茨煤矿对德国军工生产的重要性问题，曼施泰因引用德国煤业联合会主席保罗·普莱格尔的观点，指出米乌斯河以东的煤矿对德国人几乎并无用处，既不能炼焦，也不能供给德国机车使用。他试图以此打消希特勒坚守顿涅茨盆地的打算。

在长达 4 个小时的谈话中，两人针锋相对，最后，希特勒很是勉强地接受了曼施泰因的计划，为了缓和希特勒的情绪，曼施泰因决定推迟一天下达命令。

尽管得到希特勒对撤军计划的同意，但在操作上，曼施泰因还需要克服很多的困难。整个计划中一个极重要的部分是到达斯大林诺一线的第1装甲集团军能否守住阵地并尽快重建顿涅茨河防线。当然，霍利特集团军级支队的撤退行动也遭到伏罗希洛夫格勒附近苏军的阻挠，如何跳出苏军的包围圈，也还是未知之数。由于亚速海附近的气候转暖，道路解冻，第4装甲集团军的移动必然大受影响，初步估计，该集团军可能需要两周时间才能到达集团军群左翼地区。

2月7日，回到集团军群司令部的曼施泰因立刻下达了撤退命令，由于苏军已经攻占罗斯托夫顿河南岸的地区，德军必须迅速撤退。霍利特集团军级支队也开始逐步后撤，初期先撤到新切尔卡斯克一卡缅斯克一线。

在第1装甲集团军的正面有两个苏军集团军，曼施泰因预备各个击破的计划因为苏军的良好协同而破产。8日，苏军在罗斯托夫和伏罗希洛夫格勒继续行动，他们在斯拉维扬斯克附近突破德军防线，第1装甲集团军所属的第40装甲军奉命夺回斯拉维扬斯克，但由于双方进攻路线的交错，北进的德军未能阻击住苏军，后者顺势直下格里希诺。

格里希诺靠近顿河集团军群通往红军城的补给线，苏军占领此地，使得集团军群右翼部队的供给一下子紧张了起来，尤其缺乏石油。更为致命的是，苏军又从伏罗希洛夫格勒出发，占领铁路枢纽杰巴利采沃城，同时威胁到第1装机集团军的右翼和霍利特集团军级支队的背后安全。德军迅速跟进，包围了占领该城的苏军。

德军以 1 个师的兵力在格里希诺附近坚守，疲惫的"诺曼人"师已无法对苏军阵地实现突破了。

　　但这些都还是些局部的危机，曼施泰因更为担心的是苏军会利用在集团军群左翼的突破，顺势直捣第聂伯河渡口，切断集团军群的退路。为此，在顶住苏军攻势的同时，曼施泰因还需要为集团军群的后路设想。他数次向蔡茨勒提出建议，他认为南线苏德之间的兵力已经达到惊人的 8:1 的悬殊比例了，为了扭转局势，防止苏军对整个南线德军的合围，德军应该在 B 集团军群地域内和第聂伯河地区分别增加 1 个集团军的兵力。

　　为了实现这一兵力部署，德军必须从中央战线和北方战线上挤出更多的兵力。这样的兵力调动远远超过了蔡茨勒早先的估计，最后只能不了了之。陆军总司令部一度向曼施泰因抱怨道，最近一段时期对顿河集团军群的补充，已经使它的战斗力高于中央集团军群和北方集团军群了。

　　2 月 12 日，由于无法得到更多兵力补充，曼施泰因将集团军群的司令部后撤至扎波罗热。

　　由于 B 集团军群实际上已被苏军击溃，无力稳住南线北部地段的防线安全了。2 月 15 日，希特勒下令撤销 B 集团军群建制，所属部队和防线分别由中央集团军群和已改名为南方集团军群的顿河集团军群接管。原属 B 集团军群的兰茨集团军级支队连同其负责的哈尔科夫地段的防线都划归南方集团军群旗下。

　　在曼施泰因看来，这一果断的行动颇有武断之嫌，对于正在顿涅茨河和米乌斯河一线艰苦作战的南方集团军群而言，显然无力分兵负责哈尔科夫的防守。但曼施泰因心里却乐开了花，希特勒的这一决定差不多算是满足了他很久以来试图统一南线德军指挥权的愿望，曼施泰因终于可以将之前的计划付诸实施了。

在将兰茨集团军级支队划归曼施泰因指挥前，面对苏军集群的持续压迫，希特勒要求兰茨不惜一切代价守住哈尔科夫。这样，本来之前用于攻击从伊久姆南下苏军的侧翼的党卫队装甲军不得不回援该城。曼施泰因希望在接管哈尔科夫一线防务之后，先调兰茨集团军级支队撤出哈尔科夫，支援集团军群在顿涅茨河以南地区的作战，在打破苏军的战略意图之后，再行回攻哈尔科夫。

2月15日，在未经兰茨允许的情况下，防守哈尔科夫的党卫队装甲军擅自撤退。几天后，希特勒以山地步兵出生的兰茨不适合带领装甲部队为由，将他免职，代之以肯普夫将军。

2月16日，苏军从伊久姆地区出发，向西南方向突击，试图占领第聂伯河河曲地带的港口。苏军先后占领洛佐瓦亚和巴甫洛格勒，并一度冲击到距离扎波罗热不远的地方。

2月17日，在蔡茨勒和约德尔的陪同下，希特勒到达扎波罗热，决定就近观察战局，与曼施泰因商讨具体策略。曼施泰因向希特勒介绍了集团军群最近的作战形势，在谈到哈尔科夫弃守问题时，他认为可以依着天气由南到北逐步转暖的顺序，先将党卫队装甲军撤离哈尔科夫，令其与第4装甲集团军两面夹击，将集团军群左翼缺口处的苏军击溃。这样，在集团军群的作战形势将得到极大的改善，甚至可以在哈尔科夫附近准备一次反击作战。

但他的这一提议被希特勒严词拒绝。希特勒主张首先收复哈尔科夫，而这一战可由完成集结的党卫军装甲部队独立完成，并不需要第 4 装甲集团军的支援。希特勒似乎是更担心春季土地解冻之后德军作战行动受到的限制，但他未曾想到，如若在党卫军收复哈尔科夫的同时，苏军顺利抵达第聂伯河渡口，尚在米乌斯河以西的南方集团军群将难以渡过最初几周的泥泞时期。

第二天，曼施泰因再次到希特勒的办公室劝其改变主意，党卫军的最后一个装甲师被困在基辅以东的泥泞里，无法按希特勒的要求完成集结，以党卫军目前的兵力显然无法完成夺回哈尔科夫的任务。眼见事不可为的希特勒终于同意了曼施泰因的主张。党卫军以一个师驰援巴甫洛格勒，另一个师则攻击苏军的侧翼。

现在曼施泰因需要为下一步可能在哈尔科夫发起的反击行动争取兵力支持了，他希望希特勒能在未来的两个月内尽可能地增加集团军群的兵力配置。看到南方集团军群的危机局势，希特勒不愿立刻给曼施泰因以任何许诺，但也一度试图让位于库班岛的 A 集团军群分出一部分兵力，但是曼施泰因始终没等来下文。

2 月 19 日，苏军的前锋部队已经到达距扎波罗热 60 公里的辛西尼科沃，希特勒不得不乘机离开这一危险地带，到第二天，扎波罗热地区的机场已经处于苏军炮火控制范围之内了。如若任由苏军停留在这一地区，南方集团军群的后勤补给线将被切断。

就在希特勒离开的当天，曼施泰因马上令第 4 装甲集团军出兵格里希诺—巴甫洛格勒一线，对突入的苏军实施反突击。不管是因为补给需要，还是避免被包围，此一地段的苏军的确是让曼施泰因如鲠在喉。

在反突击取得效果之前，南方集团军群在米乌斯河防线、巴甫洛格勒和哈尔科夫三处都面临着防线被突破的危险。

21日，德军迎来了利好的消息：突入米乌斯河防线的苏军装甲部队被歼灭，杰巴利采沃和格里希诺地区被苏军突破的防线也被德军弥补起来。第4装甲集团军击溃了苏第6集团军，重新夺回巴甫洛格勒。之后，第1、4装甲集团军协同作战，将苏第1近卫集团军击溃，顿涅茨河防线归复在望。

因为土地解冻，米乌斯河以东的苏军无法再使用装甲部队投入进攻，改换步兵师之后，他们的攻击力受到了很大的削弱，霍利特集团军级支队的防线暂时安全了。到3月2日，德军在顿涅茨河和第聂伯河之间的反击作战基本结束，苏军损失3万余人，坦克车600余辆。

现在到了在集团军群左翼发动反击的时候了。进入2月份之后，苏军一直以强大的兵力试图在哈尔科夫一线取得突破，并一度从哈尔科夫以北地区实施迂回，包围肯普夫集团军级支队。苏军甚至计划从此向南线德军更远的后方实施大迂回。

曼施泰因在布置顿河集团军群撤退的时候，就在筹划哈尔科夫一线的反击战。此战，曼施泰因追求的不仅是夺回哈尔科夫，还要全歼此一地域的苏军。

3月5日，第4装甲集团军乘胜向哈尔科夫挺进，并于该日击溃位于别廖佐瓦亚河沿线的苏第3坦克军。

由于哈尔科夫以南的天气开始转暖，顿涅茨河开始解冻，这使得曼施泰因准备包抄哈尔科夫苏军后路的战术无法实施。3月7日，第4装甲集团军协同党卫队装甲军对哈尔科夫以南苏军的侧翼发起攻击。察觉到德军的行动意图之后，苏联方面试图从伏罗希洛夫格勒地区调集数个快速军从伊久姆地区对第4装甲集团军的侧翼展开攻击，但同样受阻于转暖的天气而无法按时抵达预定攻击地域。

为了避免斯大林格勒悲剧的再次上演，曼施泰因严禁部队对哈尔科夫发动直接攻击，但为了向元首献礼，党卫军一度试图直接夺占该城，终被曼施泰因及时阻止。

党卫军在哈尔科夫以东的迂回行动终于迫使该城西面苏军放弃了追击肯普夫集团军级支队的计划，迅速后撤至哈尔科夫和别尔哥罗德，缓过神来的肯普夫立即随后掩杀。

3月14日，党卫军成功占领哈尔科夫，肯普夫的部队也已经追至别尔哥罗德，在击溃苏军的防守之后，该部夺占了别尔哥罗德。

此战之后，南方集团军群稳固了其从别尔哥罗德到米乌斯河的防线，德军回到了1942年夏季攻势开始之前的阵地内。

但回到起点的曼施泰因已经不愿再发动如前一年一般的夏季攻势了，在他看来，过去的一年里，德军损失了数个集团军和大量武器装备，战斗力已大不如前。东线之后的战斗，应以稳定局势为主，借机消灭苏军的有生力量，切不可再轻率冒进。

经过近四个月的紧张作战，曼施泰因终于将德军的南部战线稳定下来，尽管为此德军损失了强大的第6集团军。

从斯大林格勒到哈尔科夫，苏德双方有得有失。苏军方面虽然果断切断第6集团军的退路，不乏远见的苏军领导人虽然试图对德军南线实施大包围，但明显的是，他们并未为此做好准备，在突破意大利军防线和匈牙利军防线之后，苏军曾有绝好的机会。但如曼施泰因一再强调的，由于苏军在1942年夏季作战损失炮兵部队一直没能恢复旧观，使得开始采用快速部队进行纵深突破的苏军缺乏相应的火力协同。苏军统帅部不得不把对顿河集团军群左翼的迂回计划一拖再拖，加之德第 6 集团军的成功牵制，曼施泰因的集团军群才能逃出包围圈。

虽然苏军的快速军一次一次地进行大规模纵深突破，但显然他们还未能实现很好的协同，突入德军防线的苏军基本上被德军全歼。同时，德军在斯大林格勒包围圈附近集中了太多的兵力，而在顿河集团军群左翼进行的突破又缺乏足够的兵力支持，到最后又将有限的兵力分散在绵长的战线上，终未对德军造成大的威胁。德军顽强的防御战终于取得了回报。在此过程中，曼施泰因的军事指挥艺术达到了其一生的最高峰。

相关链接：

重型装甲——虎式坦克

第二次世界大战爆发初期，德军装备中并无足以同法国 B 型坦克和英国马蒂尔答步兵坦克相媲美的重型坦克。苏德战争爆发后，在遭遇苏军 T-34 重型坦克之后，德国人不得不加快相应坦克的研制步伐。到曼施泰因攻击列宁格勒之时，德军终于研制出自己的重型坦克——虎 I 坦克，俗称虎式坦克，并运往列宁格勒前线试用。此后，在"堡垒"行动期间，虎式坦克才得以大规模使用。

该型坦克的主炮口径为 88 毫米反坦克炮，装备德国先进的光学仪器瞄准系统，二者的结合极大地增加了虎式坦克的命中率。该型坦克战斗总重量达 56 吨，耗油量惊人，公路行进总距离仅为 110 公里，最高时速 45 公里，因此对后勤供应依赖颇大，否则无法适应机动作战的需要。

虽然其机动能力相对较差，但在阵地战中它绝对少有敌手，虎式坦克以其能洞穿 1400 米外 112 毫米装甲的惊人战斗力而成为敌军坦克的噩梦。苏军坦克在其面前毫无抵抗之力，即使在西线战斗中，虎式坦克与盟军坦克的损失比也在 1:10 左右。由于一般重型坦克的反坦克炮难以对虎式坦克造成大的损害，苏军和盟军都转而利用炮兵和空军所用的威力更大的火炮和反坦克炮对其实施打击。

"堡垒" 行动

1943 年，随着英美两国首脑在卡萨布兰卡发出要将对轴心国的战争进行到直到三国提出"无条件投降"为止的声明之后，德军为防备英美在西欧的登陆作战，急需要从东线战场摆脱出来。在此种条件下，德军的战略指导思想是：如何在兵力有限的情况下，迫使苏联人暂时和德国人达成谅解。

卡萨布兰卡会议现场

在曼施泰因看来，由于兵力无法支持单纯的阵地战，德军若要稳定东方战线的局势，必须进行积极防御，甚至在某些条件下必须率先发起攻击。而曼施泰因所试图依仗的，主要还是对部队高度机动能力的灵活运用，通过快速移动达到歼灭敌人有生力量的目的。

斯大林格勒之后，苏军方面的信心大增，即使是曼施泰因也能感受到。德军方面认为，掌握数量优势的苏军有光复国土的神圣使命，他们不可能满足于与兵力不足的德军——尤其是南线德军——形成僵持局面。

事实上，即使德军在哈尔科夫反击战取得了不小的胜利，但这也未能改变整个苏德战场上双方的兵力对比悬殊态势，德军数量仍处在绝对的劣势，而苏军的战术运用和武器装备都在逐步改进、提高当中，此消彼长，苏军逐步掌握了战场主动权。

德军胜利地结束哈尔科夫反击战以后，尽管南方集团军群的阵线已经基本稳定，但它沿着顿涅茨河部署的防线，其右翼随着河的走势形成一个向东的突出部。

当然，从苏军的战略选择上看，它一可以攻击北方集团军群的南翼，照着"曼施泰因计划"的设想将德军赶到海边，聚而歼之；二可以攻击中央集团军群在奥廖尔附近的防线突出部，将位于该处的两个德军集团军击溃，缩短攻击阵线。

但在曼施泰因看来，他所镇守的南线无疑是德军的生命线，而这里的德军显然不仅包括南方集团军群，还包括到当时为止还处在库班地区的 A 集团军群，从 1942 年年底开始，曼施泰因一直为后者做着掩护。一旦苏军从北面顿涅茨河河段发起攻击，双管齐下，一部攻击南方集团军群的防线突出部，一部则从哈尔科夫绕击基辅附近的第聂伯河区域，实现对整个德军南翼的合围。

而那时，合围圈内的德军数量将达到两个集团军群，虽然苏军不一定能完全消灭他们。同时，希特勒一直不愿舍弃的顿涅茨盆地和乌克兰的粮食产地，都将重归苏联怀抱。

苏联方面显然也明了此种局势，他们在南方集团军群当面部署了大量的部队，除了一线部队之外，在后方，他们还以大量的快速集团军群充作预备队，计米乌斯河地区一个，顿涅茨河中游两个，哈尔科夫以东地区两个。他们很明显试图在南方集团军群的中部和北部防线上进行大规模的突击行动。

面对着这种局势，德军应该如何做呢？是先发制人呢，还是静待苏军发招呢？

曼施泰因曾向希特勒提交了一份后发制人的作战计划，即：面对苏军的进攻，南方集团军群应将主要兵力集中在北部地区，中部和南部防线则逐步后撤至第聂伯河地区。如此，北翼部队在消灭当面之敌后，应迅速向东南方向包抄，围歼突进的苏军部队。如若此计划能成功，曼施泰因相信，不仅可以超越前一年德军在南线的计划，甚至也是对德军1918年前后困境的一种解决方案。

但还是老问题，在兵力相对有限的情况下，实施曼施泰因的计划甚至需要整个东方战线都要适当地收缩，从而为包抄苏军提供足够的兵力支持。这样，德军不仅要撤出第聂伯河和顿涅茨之间的地区，中央集团军群也须撤出奥廖尔地段的突出部。

希特勒拒绝了曼施泰因的提议，现在南方集团军群已经掌握了大量的装甲部队——如新开到的党卫队装甲军已经经过大规模升级，但曼施泰因仍在要求大量的补充部队，尤其是步兵师，最高统帅部显然开始不胜其烦了。

最关键的是，在希特勒看来，顿涅茨地区的煤矿和锰矿显然对德军战时经济的维持极为重要，绝对不能丢失。

此计不成，只剩下先发制人一策了。

从外交层面考虑，希特勒认为斯大林显然不愿再发动大规模的进攻，苏联人的想法是，等到英美在西线成功登陆之后，他们方可再次对德军发起攻势。

从战线分布情况看，苏军防线在哈尔科夫东南地区和库尔斯克以西地区形成了两个巨大的突出部，德军的进攻计划也是围绕着这两个地段设计的。尤其是库尔斯克地段的防线，由于苏军的突入，德军的防线因此被动地增加了近500公里，德军不得不分兵防守。这一地域不仅切断了从哈尔科夫延伸而来的铁路线，严重影响到德军两大集团军群的联系，而且，这个突出部也是对德军整个防线的巨大威胁，苏军由此出发可以随意选择攻击中央、南方集团军群二者之一。这一突出部由此成为曼施泰因的首要攻击目标。其实，在哈尔科夫反击战完成之后，曼施泰因就曾请求中央集团军群的协同，以图一鼓作气地拿下库尔斯克突出部地区，但由于后者的反对和天气原因而作罢。

3月10日，希特勒再次到南方集团军群的大本营视察。曼施泰因就哈尔科夫反击战之后的作战计划征求了他的意见，曼施泰因提到了关于发动针对苏军防线突出部的军事行动的计划，但并没得到希特勒的批准。

现在，时机来了。当然，为了避免苏军重兵压境，德军应在泥泞季节一结束的时候即发动攻击，在苏军后方的装甲部队未反应过来之前消灭苏军的一线部队，然后再击破苏军的装甲部队。这样，在取得库尔斯克地区战役的胜利之后，德军甚至可以在南线再次复制这一模式。陆军总司令部将这一计划称之为"堡垒"行动。

根据陆军总司令的计划，在预定将于5月初发动的攻击行动中，中央集团军群从北面、南方集团军群从南面同时对库尔斯克突出部发动攻击，以切断苏军的退路，全歼该地区的苏军。

与此突出部相应的是，在该地区侧面德军两大集团军群的防区内，德军防线也前伸到苏军一侧，形成两个突出部。为了攻击苏军位于库尔斯克的突出部，德军的两个集团军群就得冒着自身防区内的突出部被苏军偷袭的风险。

按计划，担任主攻任务的将是中央集团军群的第9集团军和南方集团军群的第4装甲集团军。

第9集团军将投入3个装甲师参与此次战役，兵力共计6个装甲师、2个装甲步兵师和7个步兵师。他们将从奥廖尔突出部的南翼出发，由两侧的2个军提供侧翼保护。在需要的时候，两个负责掩护的师也将加入到突击行动中。他们的整个行动将由第1航空师负责提供空中支援。

南方集团军群将动用两个集团军的兵力，参与初期进攻的部队达到5个军的规模，共计9个装甲师和7个步兵师。由奥托·德斯洛赫将军的第4航空队将向他们提供空中支援，德斯洛赫之前曾是第4航空队下属的第1高射炮兵军军长。

肯普夫集团军级支队以两个军的兵力，从哈尔科夫以北地区向东、东北方向突击，步兵军向东、装甲军向北突击，以阻止苏联军队对库尔斯克地区的增援，一旦突击顺利实现，在该支队后方充作预备队的另一个装甲军将随先行的装甲军行动，一道摧毁苏军的装甲部队。

第4装甲集团军则担任主攻任务，他们的出发线在别尔哥罗德以西地区，下辖两个装甲军和1个步兵军，攻击6个装甲师和4个步兵师。该集团军将以装甲军绕击外线，直驱库尔斯克，再与跟进的步兵师协同作战，消灭位于库尔斯克以西的苏军之后，转而向东参加打击苏军增援部队的行动。

但德军的兵力配置仍有不足，曼施泰因认为作为突击兵力的步兵部队的缺乏，使得德军不得不直接使用装甲部队进行突破。而相对不足的炮兵数量将增大德军突破苏军防线时的困难。同时，由刚刚完成人员补充的第2集团军单独防守突出部的正面，抵御苏军3个集团军的冲击，其兵力稍显不足。而在他们的正面，苏军集中了11个集团军，其中包括两个装甲集团军。

为了筹备"堡垒"行动，曼施泰因也算是孤注一掷，他不得不尽量削减顿涅茨河中游和米乌斯河一线的防御兵力，努力为库尔斯克前线增加着一枪一弹。他甚至做好迫不得已将两处防线后撤的打算，他只能安慰自己这是在遂行自己后发制人之策了，虽然他很清楚希特勒是不会同意任何撤退行动的。

即使是"堡垒"行动这样的先发制人之策也不得不被人为地推迟。

曼施泰因患上了白内障病，医生建议他尽快治疗。泥泞季节开始之后，曼施泰因请假回国就医。在他请假期间，他的职务先后由莫德尔大将和冯·魏克斯男爵元帅代理，但他并未中断和司令部的联系。

莫德尔是曼施泰因的老部下，曾在总参谋部工作。1891 年莫德尔出生在德国的马格德堡。他并非出生于军人家庭，也没有机会就读任何军校，因"一战"中英勇作战而在战后被调到总参谋部工作。莫德尔在总参谋部负责技术工作，1935 年改任国防部陆军技术局局长，因他对军事技术的关注和对纳粹思想的认同而深受希特勒的器重。1938 年，莫德尔晋升少将，先后参加对波兰和法国的作战行动。苏德战争爆发后，一直在装甲部队任职。1942 年初升任第 9 集团军司令，隶属中央集团军群。

冯·魏克斯则是完全的因军功而晋升元帅的。1881 年出生于得绍，1900 年参军后他一直在骑兵部队服役，后改任装甲师师长。1936 年晋升为少将。因在波兰和法国立下了战功而升为上将。1941 年任第 2 集团军司令，隶属中央集团军群，1942 年又改隶属 B 集团军群。7 月，魏克斯接任 B 集团军群司令，是德军斯大林格勒悲剧的亲历者。1943 年 1 月，他同保卢斯一道晋升为元帅。"堡垒"行动计划期间，任第 2 集团军司令，隶属中央集团军群。7 月 10 日，魏克斯因不堪苏军攻击，请求希特勒缩短防线而被免职。

在休假期间，曼施泰因曾多次去信希特勒讨论"堡垒"行动。在 4 月 18 日的信中，他再次强调了尽早实施该行动计划的重要性。

5 月 4 日，原本打算回到司令部准备作战行动的曼施泰因被希特勒召到慕尼黑参加了一个高级别的军事会议，与会人员均是与"堡垒"行动密切相关的军事将领。

莫德尔对所属的第 9 集团军的情形及其当面苏军的防线情况做了介绍。莫德尔言道，苏军在泥泞时期已经在库尔斯克西北地区部署了纵深达 20 公里的防线，在阵地上配备了足以击穿德军Ⅳ型坦克装甲的新型反坦克火箭筒，为此，德军应该重新调整进攻计划。可见，德军在若干军事技术上已经开始落后于苏联了。

同样注重技术和武器装备的希特勒一听莫德尔的介绍，马上开始担心德军装甲部队可能无法按计划要求达成突破苏军防线的任务。他建议将原本已经改于 5 月中旬发动的进攻推迟到 6 月 10 日，他向在座的两大集团军群司令保证，到那时，德军不仅将完成对现有 IV 型坦克的装甲升级，而且一大批虎式坦克、豹式坦克和自行火炮等重武器将会运达，装甲部队的数量将因此翻番。

大量虎式坦克运往前线。德国人期望虎式能够让他们在库尔斯克赢得胜利

虽然蔡茨勒基本同意希特勒的主张，但这样的兵力增加和武器升级的诱惑并未能打消曼施泰因和克卢格二人的疑虑，他们均不同意希特勒推迟计划

的主张。克卢格因为担心其防区内奥廖尔突出部被苏军突袭，所以特别希望在苏军主动进攻前将其注意力转移到库尔斯克地区，而且德军计划的被延迟很可能造成整个计划的破产。他同时强调，经过空军的侦查，莫德尔对苏军防线纵深的描述并不准确。

1943年8月，经过激战，收复奥廖尔的苏军正在休息

1943年8月，一名妇女向收复奥廖尔的苏军战士献花

曼施泰因则强调，延迟计划固然将增加德军的实力，但同时苏军也将从之前的损失中完全恢复过来，其装甲部队也须相应增加，防线也应更加巩固。他警告希特勒，推辞堡垒计划不仅将使南线其余地段防线增加压力，而且也是德军西线和非洲战场日益紧迫的形势所不能允许的。由于缺乏足够的步兵师，相对较薄弱的苏军防线将更有利于德军装甲部队的突破。空军和装甲部队也不同意延迟计划。

希特勒还试图劝服众将官，认为德军坦克的技术优势还在，而盟军不可能在意大利登陆，地中海北部地区暂时安全。但最后他也不敢直接驳回众人的意见，声称还要好好考虑一下。

5月11日，希特勒发布命令，正式将"堡垒"行动推迟到6月中旬进行。

利用延迟行动争取来的时间，曼施泰因在南线做着惑敌工作，佯装着德军准备在顿涅茨河中游地区实施大规模进攻的模样。德军甚至往顿涅茨地区输送了数量庞大的坦克模型，以扰乱苏军的空中侦察。

希特勒许诺的坦克和自行火炮的确是运到了，但并没能准时，等到所有新列装的装备形成战斗力，时间已经进入7月份了。到6月份，仅在南方集团军群即将用于"堡垒"行动的装甲部队中，坦克数量已经达到1000辆以上，比一个月之前增加了近500辆，自行火炮则在5月份数量的基础上增加了一倍有余。到1943年年初，整个东线能作战的坦克已经减少到令人吃惊的不足500辆的程度，这次对坦克数量的补充是很及时的。

事实证明，德军方面推迟计划的举动确实给予苏军更多的调整时间。到6月底的时候，根据侦察，曼施泰因已经得知苏军似乎在伊久姆、哈尔科夫以及奥廖尔等地区都在做着攻击准备，但尚不清楚苏军的具体计划。

为此，曼施泰因多次向陆军总司令部陈说推迟计划的重大弊端，率先发起攻击的一方将掌握南线战事的主动权。在盟军部队正筹备开辟第二战场之时，或者在他们登陆西海岸之后的短时期内，德军依然有时间实施"堡垒"计划，争取在面临两线作战之前能在东部地区取得主动。鉴于"堡垒"行动可预见的艰巨性和长期性，必须越早越好，为德军争取战略重心转移的时间。

在得到蔡茨勒等人的同意之后，曼施泰因迫不及待地想与希特勒建立更直接的私人联系，直陈自己的意见。

但从事后看来，到7月初，"堡垒"行动实施的最佳时机已经过去了。曼施泰因坦陈了自己没有放弃实施该计划的理由：由于苏军也增强了在库尔斯克地区的兵力投入，一旦苏军在该地区取得突破，南方集团军群将遭遇灭顶之灾，为了在北线取得胜利，他甚至愿意在右翼暂时后撤；而直到发动攻击之前，曼施泰因还深信德军将最终取得"堡垒"作战行动的胜利。

7月1日，希特勒将即将参加"堡垒"行动的所有军级以上的指挥官都召到大本营开会，他终于下定决心了。现在德军的装备已经完成升级，地中海的防线也基本稳定下来，他决定于7月5日发起攻击。为了劝说将军们在接下来的苦战中坚持下去，希特勒甚至直接以纳粹理念要求他们，他要求在座的德国军人应该为子孙和长辈的生存空间而奋勇作战，苏军已经外强中干，德军必可一战而胜。

曼施泰因还希望能将里希特霍芬调回第4航空队，但遭到戈林的强烈反对。里希特霍芬于当年2月份晋升元帅，当时已经被调往意大利担负地中海地区的作战任务了。

7月3日，为了纪念塞瓦斯托波尔要塞胜利一周年，曼施泰因飞往布达佩斯，为安东内斯库送上克里木盾形徽章，以表彰罗马尼亚部队在克里木战役中的优异表现。当晚，曼施泰因即飞回集团军群司令部，准备一天后的作战行动。

第二天，为了便于指挥两个集团军的作战行动，曼施泰因将指挥所迁移到攻击集群的身后。指挥所设在森林里的一列火车上，该车设施一应俱全，并配有200毫米高射炮。

7月5日，南方集团军群的两个集团军按计划对库尔斯克突出部发起攻击，"堡垒"行动开始。

从战事一开始，被希特勒改变了的作战模式就遭遇到极大的困难，缺少步兵师的德军在突击苏军防线时备感乏力。以第9集团军为例，除了在进攻的第一天他们利用时机推进了14公里之外，从第二天开始他们前进的速度就被迫减慢下来，在之后的五天时间里，他们仅前进了4公里。之后由于苏军在奥廖尔突出部发动进攻，第9集团军不得不分兵支援，直到最后完全放弃攻击行动。

炮兵和步兵数量不足所造成的困难在南方集团军群作战中表现得更为明显。最右翼的第11军没能按计划完成对科罗恰河的突破，在前进到科伦河以西地区后，就不得不转入了防御。

肯普夫集团军级支队的另一支部队——第3装甲军的攻击也不是很顺利。在从别尔哥罗德地区艰难突破苏军顿涅茨河防线之后，他们向前推进了18公里，但数日的战斗已造成坦克部队的极大损失，该军也有意转入防御。为了鼓励该军继续向前推进，曼施泰因不得不提前动用预备队，将198步兵师配属该军。7月11日，该军成功突破苏军的最后一道防线，到达科罗恰河及其以北地区。

第 4 装甲集团军的进展则较为顺利。他们左翼的第 48 装甲军在突破苏军顿涅茨河防线后，顺利推进到奥博杨以北地区。7 月 7 日之后的几天内，他们成功抵挡住了苏军的反突击，击溃了位于此一地区的苏军预备队。

7 月 11 日，集团军右翼的党卫队第 2 装甲军也到达普罗霍罗夫卡城下，并准备渡过普肖尔河向西迂回。之后，苏军的动用战略预备队对该装甲军发动反突击，但未能奏效。

到 12 日，南方集团军群已基本击溃其当面的苏军及其预备队，其中包括 10 个机械化军。到攻击停止的 7 月 13 日，曼施泰因的部队俘虏苏军 2 万余人，缴获坦克近 2000 辆。

曼施泰因正准备动用集团军群的战略预备队——部署在哈尔科夫以南充作陆军总司令部预备队的第 24 装甲军——进行大反攻。但由于第 9 集团军一部撤出攻击行动，该集团军被迫转入防御，"堡垒"行动面临夭折的可能。

库尔斯克战役期间，德国坦克装甲部队正在行进中

虽然希特勒最后不得不同意将第 24 装甲军投入到"堡垒"行动中去，但为了避免曼施泰因的擅自使用，陆军总司令部收回了该军的指挥权。

由于盟军在西西里岛的登陆，希特勒将曼施泰因和克卢格召到大本营商讨对策，"堡垒"行动被迫中止。按希特勒的计划，应该取消"堡垒"行动未完成部分，将部分东线兵力调往意大利和巴尔干地区，以部署那里的防御。

曼施泰因认为在本集团军群进展如此顺利的情形下停止行动是极为可惜的，他努力劝服克卢格至少保持住目前的防线，但克卢格表示第9集团军很可能不得不退回出发地域。最后，希特勒同意南方集团军群单方面继续实行作战，但他同时宣称，他将从南方集团军群抽调出部分兵力。

得到希特勒首肯的曼施泰因试图再次发动小规模攻势，但其目的也仅在巩固已有战果，他不准备也无力再发动大规模攻势了，并准备在此之后撤回出发阵地。

7月17日之后，陆军总司令部先后从南方集团军群抽出党卫队第2装甲军和另外两个装甲师。同时，苏军也在顿涅茨河中游和米乌斯河防线上达成小范围的突破，德军一时无法消灭突击进来的苏军。在如此形势之下，曼施泰因宣布终止"堡垒"行动。

据曼施泰因估计，在整个行动期间，南方集团军群共给苏军造成8.5万人的损失，其中俘虏3.4万人，击毙1.7万人。德军方面的损失也达到2万余人。

"堡垒"行动没能按预定计划完成。但在曼施泰因看来，该计划的夭折主要是由于最高统帅部的一再拖延，未能造成攻击的突然性。同时，在地中海局势出现危机的时刻，最高统帅部的判断也出现了失误。希特勒不愿放弃北非战场，却也因为久拖不决而使东线战场的战事与盟军在西西里岛的行动形成时间上的重合，大受牵制，直至被迫取消。

德军在东线的最后一次大规模的反击战就这样草草结束了。

相关链接：

苏军主战坦克——T–34 中型坦克

哈尔科夫是"二战"时期苏军主战坦克——T–34 的原产地，从 20 世纪 40 年代到 20 世纪 50 年代，苏联共生产了 84000 多辆该型号的坦克。

T–34 型坦克，由苏联哈尔科夫共产国际工厂设计师米哈伊尔·伊里奇·科什金主持设计，1940 年 9 月科什金去世后，由莫洛佐夫接管其后的工作。T–34 坦克是苏联 T–32 型坦克的改进型号，1940 年春，开始进行性能测试，9 月，该型坦克正式装备部队。其前端倾斜型装甲的设计思路成为坦克设计史上划时代的进步。

以 T–34 1942 型坦克为例，该型坦克装备有 80 毫米厚的装甲，配有 1 门 76.2 毫米火炮和两挺 7.62 毫米机枪，净重 26.7 吨（安装宽履带之后达 28.3 吨），载员五人，时速 50 公里，最大行程 300 公里。由于德军虎式和豹式坦克的出现，T–34 坦克之后又有多款改进型号，主要都在试图强化坦克的火炮、装甲和机动力，但作为中型坦克的 T–34 坦克仍无法与虎式坦克进行正面较量。

在"堡垒"行动期间，虎式坦克和 T–34 坦克进行了正面对垒。尽管希特勒孤注一掷式地投入大量新近研制的虎式、豹式坦克和费迪南德式强击火炮等武器，但由于战术指挥上的失误，虎式坦克的优势并非压倒式的，甚至由于其缺乏近身防卫武器而使其在苏军坦克部队采用的肉搏战术下损失不小。

T-34 不仅因其技术上的优势，也因其数量上的规模优势而成为德国陆军的噩梦，当然德军也对其爱不释手，许多被缴获的 T-34 直接被装备德军一线作战部队用于对苏作战。

艰苦的防御战：1943—1944

成功挫败德军在库尔斯克突出部试图进行的攻击行动之后，苏军并没有放松对中央集团军群的攻势，他们甚至对其南翼的第 2 集团军也展开了进攻，德 A 集团军群也遭到苏军的攻击。在曼施泰因看来，苏军似乎在为更大范围的攻击做着准备，而这个最终目标就是曼施泰因的南方集团军群所在地域。

在"堡垒"行动被迫停止后，苏德战场的南部战线基本回到了一年前的态势，而现在该苏军出牌了。他们的目标与 1942 年并没有大的不同，仍是企图彻底歼灭德军的南翼集群，扭转整体局势的被动。

1943 年上半年，南方集团军群的兵力虽然是有所补充的，但由于苏军也相应增加了兵力，他们与当面苏军的兵力对比并没有发生大的变化，在当年9 月份时仍维持在 1:7 的状态。当面苏军共计 4 个方面军，21 个集团军。从战斗力上分析，德苏兵力在 1:3 到 1:4 的时候达到平衡。此时的兵力对比显然已经需要每个德军士兵以一敌二了。

苏军超强的兵力补充能力颇让德军绝望。曼施泰因即将苏军比作希腊神话中的九头蛇怪许德拉，斩其一头又会新长出两个来。

在兵力相对不足的情况下，经过"堡垒"行动的艰苦奋战，德军的损失也颇为巨大，尤其是老兵的大量阵亡极大地降低了部队的战斗力。而中上层军官的牺牲也使德军的指挥人才有不足之虞。

既然在兵力和装备的补给上都无法超过苏联，德军只能尽量避免在指挥上犯错误，展现出远超于苏军的战术素养和灵活性。但在整体形势处于被动的情况下，德军辗转腾挪的空间已经极为有限，只能见招拆招了。

同时，与此前一样，曼施泰因和希特勒的战略分歧仍充斥着德军1943—1944年防御战的整个时期。曼施泰因一方面要求最高统帅部将战略重心放在东线南翼，一方面又要求希特勒赋予他更灵活自主的指挥权。但帝国的掌舵人希特勒并不这样认为，他需要各条战线的稳定，但曼施泰因很可能会给他制造不稳定的因素。

在东线南翼，希特勒要求在保证（先是）顿涅茨河和（后是）第聂伯河地区的情况下击溃集团军群北翼正面的苏军。但以曼施泰因手上的兵力，显然不足以同时完成这两项任务。在不准放弃任何已经占领土地的命令下，曼施泰因的部队不得不左支右绌，狼狈不堪，集团军群战线也在苏军的挤压下从顿涅茨河沿岸退到第聂伯河畔。

"堡垒"行动夭折后，南方集团军群全线转入防御，其指导思想也变为避免防线被苏军大范围纵深突破，从而形成被分割包围的局面。

在决定停止实施"堡垒"行动之后，希特勒计划恢复顿涅茨河的态势，他要求曼施泰因在 7 月 17 日利用哈尔科夫附近装甲部队对米乌斯河以东的苏军展开反突击，为此，他将第 3 装甲军和原本计划调往意大利的党卫队第 2 装甲军重新配属给曼施泰因。

但不巧的是，就在当天，苏军的南方方面军和西南方面军在米乌斯河一线和顿涅茨河中游地区展开攻击，成功突破德军防线，在米乌斯河西岸和顿涅茨南岸占领登陆场，德军动用了 4 个快速师的兵力方才挡住苏军在两地的前进。

曼施泰因本想首先利用两个装甲军投入到伊久姆以南的地区，先恢复顿涅茨河中游的局势，但希特勒显然认为曼施泰因没有领会他的意图，他严词拒绝了曼施泰因的计划。恼怒之极的曼施泰因上书陆军总司令部，声称如果元首继续干预集团军群司令部的指挥，他将辞去集团军群司令一职。

但正如他自己所说，如果元首还觉得他可堪重用，他将继续做好本职工作，他没有违背希特勒的意旨。7 月 30 日，德军以少胜多，全歼米乌斯河西岸的苏军，左翼防线又回到早先的状态。

在曼施泰因将左翼的部队抽调到右翼作战之后，苏军在哈尔科夫地区展开了进攻。

7 月 17 日，南方集团军群一从库尔斯克突出部撤退，新成立的苏联草原方面军就将防线重新推进到顿涅茨河一线。为了准备对德军哈尔科夫突出部的攻击，苏军在别尔哥罗德地区集中了从中部战场调来的大量装甲部队，在突出部的东南侧外也在集结部队。在整个南方集团军群的正面，苏军将大半的装甲部队集中在右翼地区，试图在哈尔科夫突出部寻求突破。

8月2日，曼施泰因向陆军总司令部报告说苏军可能在哈尔科夫突出部发动攻击，要求归还从集团军群抽调走的部队，以便部署北翼防线，同时，米乌斯河地区的装甲部队也受命向哈尔科夫地域靠拢。

还没等曼施泰因收到陆军总司令部的回复，苏军即从北部、东部和东南部三个方向对德军哈尔科夫突出部防线发动攻击，攻击重点放在北线的别尔哥罗德城附近，该城恰处在第4装甲集团军和肯普夫集团军级支队防线的结合部。第二天，在苏军的强大攻势之下，两个集团军被迫分别向西、向南撤退，苏军达成纵深突破。

经过陆军总司令部的批准，曼施泰因以第3装甲军支援哈尔科夫北部东侧防线，以打破苏军企图包围肯普夫集团军级支队的计划；另以一个装甲集团军的兵力投入到第4装甲集团军的防区内，试图阻止苏军向德军防线西部的纵深地带推进。

在哈尔科夫面临失守风险的时候，希特勒再次下达了死守该城的命令。他将肯普夫集团军级支队改为第8集团军，由原第11集团军参谋长韦勒任司令。

苦守二十余日之后，眼见局势难以扭转的曼施泰因决定放弃哈尔科夫，8月23日，第8集团军和第4装甲集团军终于在该城南部地区重新建立起一条防线。但由于第2集团军兵力薄弱，南方集团军的后撤也未能堵住第4装甲集团军左翼防线上的缺口，直到8月27日，得到补充的第4装甲集团军终于再次将两大集团军群的防线连接起来。

在双方这样的你来我往的拉锯战中，德军部队的战斗力遭受重大损失，很多部队丧失了战斗力，即使好点的其战斗力也仅仅为全盛期的一半左右。在严峻的形势下，最高统帅部加强了对各部的兵力补充，南方集团军群也得到 10 个师的兵力补充,但其防线也增加了 100 多公里。

由于部队数量不足,加之编制上都未满员,曼施泰因对能否坚守目前防线颇感疑虑。在 8 月 27 日与希特勒的面商中,他再次向希特勒明言,以本集团军群的兵力难以防守绵长的南部防线,如若要保证部队不遭受大的损失,要么增加兵力补充,要么允许南方集团军群自由行动——也就是曼施泰因一直要求的后撤部队,缩短防线。

希特勒也感觉到了南线压力的巨大,他虽然一再强调德军装备技术上和士兵战术素养上的相对优势,但仍同意从北部和中部战线抽调多余的兵力,并允许曼施泰因根据战事紧张程度对各部防区进行重新调整。

但前段时间进攻颇有成效的苏军显然不愿给德军任何喘息的机会。8 月 28 日,苏军继续攻击,德第 2 集团军和第 4 装甲集团军抵抗不力,被迫继续撤退。克卢格以第 2 集团军防线紧张为由拒绝向曼施泰因提供兵力支持,但很快,第 2 集团军的右翼防线告破,第 4 装甲集团军不得不分兵防守,曼施泰因的压力更大。

与此同时,苏军在米乌斯河沿岸的攻击也取得成效,德军防线被突破,陆军总司令部支援的两个师无力恢复局势。8 月 31 日,曼施泰因下令第 6 集团军撤往第二道防线。同日晚,曼施泰因终于得到了期盼已久的自由行动权,希特勒要求他在撤出顿涅茨之前炸毁所有相关工厂,不给苏军留下一砖一瓦。此时,得到行动自由权的曼施泰因也已经无力进行所谓后发制人的战略撤退了,他考虑最多的是如何利用手中仅有的这一权力尽量保存集团军群的有生力量。

在第一时间,曼施泰因对防线做了调整。为了掩护第 6 集团军的撤退,第 1 装甲集团军的右翼还须坚守顿涅茨河中游的防线。缩短第 8 集团军的防线后，哈尔科夫地区的局势暂时得以稳定。

但第 4 装甲集团军的左翼地区仍是危机重重，第 2 集团军右翼的溃败无疑大大加重了该装甲集团军的负担。为此，9 月 3 日，曼施泰因再赴元帅大本营商谈增加兵力和协同作战问题，出发前，他向克卢格发出邀请，请其一同面见希特勒。

在这次谈话中，曼施泰因再次提出了建立一个统一的总参谋部负责战争全局的意见，但这显然是希特勒的逆鳞所在，恼羞成怒的希特勒不仅拒绝了曼施泰因的这一建议，同时声称自己已经无力增兵南线了。

在此后的几天，苏联从其他战线抽调的数十个师的兵力陆续抵达南线战场，南线北翼的形势有急转直下的可能。为此，9 月 7 日，曼施泰因再次向陆军总司令求援。第二天，得知消息的希特勒立即飞往扎波罗热与曼施泰因商讨对策，A 集团军群的司令克莱斯特及其第 17 集团军司令鲁奥夫两人也被叫来。

这次商谈颇有成效。曼施泰因明确表示集团军群的右翼防线已经不可能再回复旧观，德军必须缩短战线。为争取希特勒同意后撤防线，他直接建议希特勒将中央集团军群撤往第聂伯河上游，即使他自己也认为这一建议有点过头。没想到这个策略在希特勒那里取得了很好的效果，希特勒虽然不同意立即撤到第聂伯河上游，但认为中央集团军群应该撤到该河上游以东的位置。

希特勒也同意向两大集团军群的结合部加派兵力。同时，他做出了将A 集团军群撤出库班地区的决定。克莱斯特对这一决定表示赞同，并声称将于 10 月中旬以前完成撤退工作。如果这两项工作可以顺利完成，曼施泰因计划暂时将防线稳定在第聂伯河以前直到波尔塔瓦一线。当天中午，曼施泰因即下令第6集团军和第1装甲集团军转入机动防御状态，相机后撤。

但希特勒再次违背了诺言，他并未下达增兵的命令，也未严令中央集团军群向其南翼分兵，克卢格也是一拖再拖，不愿执行希特勒的命令。曼施泰因不得不上书进行抗议，并不无威胁地讲道，如果最高统帅部不能在南线增加兵力投入的话，他将在适当时候将集团军群防线后撤至第聂伯河一带。

希特勒不为所动。9月14日，曼施泰因再次报告道，他将于次日下令各部后撤，至第聂伯河沿岸重建防线，哈尔科夫附近的第8集团军也将同期撤退。

听闻这一消息，希特勒不得不要求曼施泰因暂缓发布命令，请他等到二人磋商之后再行定夺，但曼施泰因要求商谈时蔡茨勒也必须在场，希特勒也表示同意。为此，曼施泰因又一次飞往位于东普鲁士的元首大本营。

9月15日，二人再次坐下来。曼施泰因表明了自己对克卢格不愿分兵协助做法的不满，但他将发言重点放在了如何在基辅地区集结兵力的问题上。他认为，如果要避免防线的大范围崩溃，必须在主动后撤防线的同时，在基辅地区重新集结，如果无法实现兵力集结，东线南翼战场，甚至整个东线战场都将遭受灭顶之灾。对于南方集团军群而言，已经无法保证第4装甲集团军的安全撤出，他希望能得到中央集团军群的掩护，直到该集团军顺利撤到基辅地区为止。

希特勒再无法坚持己见了，他不得不同意曼施泰因的建议。当天，陆军总司令部即命令从中央集团军群抽出4个师的兵力以最快的速度南下，协助南方集团军群撤退，此外，希特勒将从西线抽调近一个军的兵力投入南方集团军群地域内。

9月15日夜，回到扎波罗热的曼施泰因立刻下达了撤退的命令，各集团军应撤至诺盖草原东部的梅利托波尔和第聂伯河一线，集团军群的防线由海边延伸到基辅以北的切尔尼戈夫西部地区。曼施泰因的后撤计划开始执行了，但德军已经无力后发制人了，这次撤退更多的还是基于保存实力的考虑，歼灭苏军已经退居第二位了。

曼施泰因后来回忆道，他当时的撤退命令得到了下属各集团军司令部的集体赞同，各集团军的司令和参谋长很多都是曼施泰因的老部下和老同事，曼施泰因认为他们已经接受了自己对战局的看法，对自己的指挥能力也是颇有信心。他将这种上下级之间良好关系归功于集团军群司令部从不轻易违诺，并常就作战意图与各集团军进行沟通的领导方式。

撤退后的防线部署是：第6集团军撤至扎波罗热—梅利托波尔一线后，其南部的两个军划归A集团军群，北部的一个军划归第1装甲集团军指挥。第6集团军因此被拆散，这是曼施泰因与希特勒讨论的结果，而且他本人对第6集团军司令霍利特和参谋长博尔克的指挥能力颇为担心，此次将该集团军转归A集团军群，也有稳固沿海地区防线的考虑。

有了A集团军群的加入，曼施泰因一度想抽调第1装甲集团军的四个快速师充实集团军群的左翼，但没想到希特勒要求他必须死守扎波罗热，以威胁第6集团军正面苏军的侧翼，这一计划因此搁浅。该集团军除了坚守扎波罗热桥头阵地之外，还得负责沿第聂伯河直到克列缅丘格东南部的防线，第8集团军的右翼军划归该装甲集团军指挥。

第 8 集团军除负责防守克列缅丘格的桥头阵地外，其防线一直延伸到基辅以南 30 公里的地段，为了弥补该集团军的兵力损失，曼施泰因将驻守卡涅夫的原第 4 装甲集团军的第 24 装甲军划归该集团军指挥。此外，该集团军还须以装甲部队负责防守卡涅夫以南切尔卡瑟渡口。

第 4 集团军主力应于基辅附近渡河并展开，负责卡涅夫地段到中央集团军群南翼的防线。

由于这次大撤退目的是在第聂伯河西部地区重建防线，这就增加了德军渡河时的风险，由于该河上大的渡口只有第聂伯罗彼得罗夫斯克、克列缅丘格、切尔卡瑟、卡涅夫和基辅五处，苏军大可以集中兵力在德军渡河时发起攻击，这也是曼施泰因深以为忧的。

但德国人是有好运的，苏军没能在德军渡河时完成兵力集结，但苏军采取在第聂伯河其他地段渡过该河的策略，给尚未建立完整防线的德军造成了极大的困难。

为了成功渡河西撤，德军不仅需要快速西行，同时又要尽量延缓苏军的脚步，为后撤部队留下移动空间。同时，德军采取坚壁清野的战术，不仅将重要物资全部运走，延缓苏军渡河行动，还强制第聂伯河以东地区的 10 万人迁移到河西地区，被迁移者都是 60 岁以下的男性，德军旨在避免这部分人被苏军用于充实部队。

9 月 30 日，虽然遭遇苏军的疯狂追击，一些部队甚至出现弹药危机，但南方集团军群所部终于全部撤往第聂伯河一线。集团军群司令部也相应后撤到工业中心基洛沃格勒，该城位于第 1 装甲集团军和第 8 集团军防线结合部的后面。

早在头一年冬季，曼施泰因就曾建议陆军总司令部加筑第聂伯河沿线的防御攻势，不想被希特勒一口拒绝，其一大原因是德军正在西欧沿海地带修筑"大西洋壁垒"，以防备盟军的登陆行动。由此可见，德军最高统帅部长期内都未将苏联当作同等对手看待。

曼施泰因没能请得最高统帅部支持，他从1943年年初开始在第聂伯河一线以集团军群的名义征集民夫修筑野战工事，但由于经费和器材有限，所建工事显然难以满足德军长期固守的需要。

工事脆弱，兵力不足，因此的曼施泰因对防御战的前景并未抱有大的希望。以曼施泰因的估计，在集团军群负责的700公里长的防线上，能够投入的步兵师仅有37个，关键是由于各师兵力严重损耗，在平均20公里的防线上，各师能投入的兵力仅在1000—2000人，德军每人需要负责10米以上的防线。而集团军群可用于机动作战的17个装甲师，已经没有一个师保有完整战斗力了。

为此，曼施泰因要求陆军总司令部优先为南方集团军群补给人员和物资，以保证德军在最重要的南线上的战斗力。但由于希特勒拒绝继续缩短防线，陆军总司令部也表示无能为力，只能尽力支援几个师的兵力。

随着德军9月底到达第聂伯河，一线的苏军也在两处渡河，并成功站稳阵地。一处位于第聂伯罗彼得罗夫斯克和克列缅丘格之间的两个集团军的结合部，该处远离大渡口，德军兵力薄弱。苏军利用河心岛作跳板，作为预备队的德第40装甲军未能来得及阻止苏军渡河，苏军不断增加兵力，扩大河岸阵地。

另一处位于卡涅夫渡口西部第聂伯河河曲地带的佩列亚斯拉夫，苏军在河曲两侧实施渡河作战，装甲兵和空降兵迅速占领阵地，苏军渡河的兵力很快增加到一个集团军以上，德军已来不及打退进占河南岸的苏军了。

在更远的基辅以北的地区，苏军成功渡过杰斯纳河，威胁两大集团军群的结合部。

9月中旬的时候，曼施泰因还对第1装甲集团军和第8集团军的防线感到满意，但此时形势已经发生了巨大变化。10月初，鉴于苏军在第聂伯河河曲地带的成功突破，曼施泰因将集团军群司令部迁往位于后方布格河上游的文尼察，指挥所就设在原元首大本营。

文尼察风景优美，本是一处大型疗养院所在，南方集团军群将其全部改建为军用医院，从第聂伯河以东地区运回的近20万伤员的一部分就在这里接受治疗，曼施泰因曾数次到医院视察和看望伤员。

苏军除了在以上提到的第聂伯河以西、以南的三个滩头阵地投入大量兵力之外，德军扎波罗热桥头阵地是另外的一个重点，苏军显然认为在此处的任何进展都将威胁沿海地区的第6集团军侧翼。德军利用预备队第40装甲军，以丢失第聂伯罗彼得罗夫斯克和克列缅丘格之间第聂伯南岸阵地为代价，成功阻止了苏军对扎波罗热阵地的围攻。

10月初，苏军在强大的炮兵部队和装甲部队的掩护下，再次对扎波罗热阵地发起攻击，德军各部损失惨重，被迫撤退，并炸毁了第聂伯河上的铁路桥。

10月上旬，经过艰苦努力，曼施泰因的部队终于止住了苏军在第聂伯罗彼得罗夫斯克和克列缅丘格之间第聂伯南岸地区的推进，并成功将苏军在佩列亚斯拉夫的部队限制在狭小的空间内。

最大的威胁还是在第4装甲集团军北翼两大集团军群的结合部位置，由于苏军对第2集团军防线的突破，他们得以在第聂伯河西岸构筑阵地，虽然暂时无大规模行动，但此处一旦被苏军突破，基辅将不保，德军将也不得不弃守整个第聂伯河防线。

由于防线构筑仓促，在苏军的尾随攻击下，曼施泰因不得不大量投入预备部队参加防守，经过一轮苦战，集团军群所有的预备部队都遭受了不小损失。如何应付接下来的战事，曼施泰因心中忐忑不安。

虽然曼施泰因一直颇为担心苏军占领基辅以北地区，但苏军显然想利用已有的滩头阵地，扩大在第聂伯河河曲地带的战斗成果。

整个 10 月，苏军草原方面军对德军第聂伯罗彼得罗夫斯克和克列缅丘格之间第聂伯南岸的防线缺口展开了猛烈攻击，苏军至少投入了 5 个集团军的兵力，包括 61 个步兵师和 7 个坦克师，坦克 900 余辆。

在苏军的初期进攻中，第 1 装甲集团军和第 8 集团军不堪重负，被迫向东、西两方向退却。如此，位于河曲地带的交通枢纽克里沃罗格、扎波罗热西南的锰矿城市尼科波尔两城市的门户都向苏军敞开，不仅第 1 装甲集团军的后路有可能被切断，德军战略资源的补给源也将因此受损，这样的威胁是希特勒绝不容许的。

曼施泰因不得不赶快部署部队补防，他利用争取来的两个装甲师和一个步兵师，在第 40 装甲军的配合下，对正突向克里沃罗格的苏军侧翼展开反突击；第 1 装甲集团军也不得不撤出第聂伯罗彼得罗夫斯克，将防线南移，重兵镇守克里沃罗格。为实现协同作战，曼施泰因将第 40 装甲军划归第 1 装甲集团军。到 10 月底，苏军进攻部队被德军击溃，撤回第聂伯河南岸的出发地。

与此同时，苏军在第 6 集团军防线上发起攻击，防线被苏军突破后，该集团军不得不实施大范围撤退，左翼撤往尼科波尔以南的第聂伯河南岸，右翼则径直撤到第聂伯河西岸。第 1 装甲集团军的背后出现巨大危机，位于克里木的第 17 集团军的后路将被完全切断。为了第 1 装甲集团军，也为了前一年辛苦攻下的克里木，曼施泰因都不能坐视不理。

他向陆军总司令部提出了一个攻击计划，他试图利用第 40 装甲军的胜利之师实施一次攻击行动，该行动分三步走：一是先利用该装甲军从尼科波尔南岸第 6 集团军的阵地出发，突击追击苏军的侧翼，以为第 6 集团军重新构筑防线赢得时间，并与克里木的第 17 集团军取得联系；二是在 11 月 12 日之后，利用回军第聂伯河北岸的第 40 装甲军，在三个新锐装甲师的配合下，对河曲地带的苏军进行一次突击；若第二步进展顺利，装甲部队挥师东进，打退第 6 集团军正面的苏军，恢复梅利托波尔—扎波罗热防线。希特勒欣然接受了这一计划。

但由于第 6 集团军撤退过快，使第 40 装甲军的第一步攻击行动进展得并不顺利，加之后续的装甲部队未能按计划完成集结，曼施泰因的计划被搁置起来。

曼施泰因这一计划还有一个更大的目标，他寄希望于装甲部队的成功行动，稳定集团军群南部的态势，以集中兵力应付苏军在集团军北翼的活动。但由于第 6 集团军的快速弃守，第 1 装甲集团军在扎波罗热—克里沃罗格一线的防线遭遇困难。但第 40 装甲军也未能抽出参加北翼的战斗，曼施泰因对于因自己不成功的计划导致的南翼僵持和北翼危机而后悔不已。

正当第 1 装甲集团军危机重重的时候，希特勒将该集团军司令马肯森调往意大利，将军胡贝接过指挥权。曼施泰因尽管对后者评价颇高，但对他未能接受过总参谋部正规训练的经历也是颇为无奈。

11 月初，苏军乌克兰第 1 方面军投入 7 个集团军的兵力，对德第 4 装甲集团军的防线发起攻击。到 11 月 5 日，该集团军的防线出现不支的迹象。7 日，曼施泰因为了将之前打算投入第 6 集团军地域的装甲部队部署到集团军群北翼一事，他再次面见希特勒。他向希特勒陈述了自己不得不放弃南翼行动计划的原因，是他深切感受到苏军突破北翼防线后的巨大危机。希特勒也是颇为动容，放弃了增兵扎波罗热地区的计划，但拒绝撤出仍停在那里的第 40 装甲军。

之后的几天，形势急转直下，在苏军优势兵力的强悍攻击下，第 4 装甲集团军的防线迅速崩溃。基辅已经无法坚守，该集团军不得不大步后撤，苏军进而占领基辅以西的法斯托夫、日托米尔、科罗斯坚三城。三座城市都是东线德军补给的重要枢纽，必须设法夺回。但被分割在三地的第 4 装甲集团军显然已经无力自主夺下三城了。

为此，11 月 15 日，曼施泰因以第 48 军军部为基础，率领新到的三个装甲师，对从基辅向西南方向的突击部队展开反突击。击溃苏军装甲部队之后，该军转向西南，在第 13 军的配合下收回日托米尔。为配合第 4 装甲集团军的反击行动，曼施泰因冒险从第 8 集团军抽调了 5 个师的兵力协助攻击。到由于天气原因，德军装甲部队的推进大受影响，第 4 装甲集团军只得在基辅以南的地区重建防线。到 12 月初，情势暂时稳定下来。在德军的反击中，苏军损失近 5 万人，坦克损失 600 辆以上，各类火炮 1500 多门。

但第 4 装甲集团军也丢失了他们在基辅地区的防线。更有甚者，因为他们的快速后撤，希特勒大为恼怒，他将该集团军司令霍特大将撤职，充作预备指挥人员。原第 8 集团军所属第 11 军军长劳斯将军接任司令。

11 月下旬，苏军继续在第 8 集团军和第 1 装甲集团军的结合部投入兵力试图压缩第 1 装甲集团军的防线，他们又在扎波罗热以南 A 集团军群和南方集团军群的结合部渡河，试图攻击第 1 装甲集团军的身后，该集团军因此有被苏军包围的风险。虽然德军在扎波罗热以南地区不得不暂时后撤，但第 1 装甲集团军的防线尚属稳固。

兵力被大量抽调后，第 8 集团军所辖防区的形势更趋恶化。苏军在该集团军右翼内侧的攻击取得成效，德军的防线被撕开了一道缺口；克列缅丘格渡口也被苏军占领。同时，苏军在切尔卡瑟附近渡河，没有预备队进行突击的第 8 集团军左翼军不得不后撤 50 公里，借助泥泞河段暂时阻止了苏军的进击，但难以长期维持。

在第 1、4 装甲集团军情况稍微稳定之后，曼施泰因又从这两个集团军中分别抽出两个装甲师，支援临近的第 8 集团军两侧部队的防守，方使该集团军的防线未出现如第 4 装甲集团军那样的大规模崩溃。但即使如此，到 11 月底，在南方集团军群防区内，德军第聂伯河防线几乎完全丧失，仅在扎波罗热和卡涅夫两处还有些许地段仍在坚守。

就德军此时的防线来讲，东部第 1 装甲集团军地域最为危险，苏军也是看到了自己在第聂伯河河曲地带的潜在机会。在整个 12 月份，苏军乌克兰第 2、3 方面军分别对第 8 集团军右翼的防线凹部和第 1 集团军的右翼进行了持续的攻击；同时，苏军也没有忘记对切尔卡瑟地域的攻势。如果苏军在这两处的攻势取得成效的话，位于第聂伯河河曲地带的这两个集团军都将面临被包围的局面。

苏军历时一月的攻击并未能取得预期效果，但德军因此却也损失颇重。在苏军数次达成纵深突破之后，曼施泰因几度想放弃克里沃罗格—扎波罗热一段的防线，他再次从其他防线抽调了一个装甲军的兵力对突入的苏军实施了反突击，苏军的进攻终被打退。但从长期看，曼施泰因已经不主张坚守第聂伯河河曲地域，德军需要再次后撤，缩短防线，以减小压力。但希特勒还是不愿放弃。

到12月下旬，新的危机在集团军群北翼出现了。先是曼施泰因利用第48装甲军在11月份取得的成绩，试图扩大战果，以尽量拖延苏军发动总攻的时间。因此，第48装甲军首先进行了伪装，接近日托米尔北部苏第60集团军的侧翼，然后突然发起攻击；击溃该集团军后，第48装甲军转而向北，打退了位于科罗斯坚正面的苏军机械化部队。基辅以西地域的局势因此暂时稳定。

平静并未能保持太长的时间。12月24日夜，当德军正在庆祝圣诞之际，苏军迅速向基辅至日托米尔的公路两侧展开。苏军在公路南侧集中了4个集团军的兵力，试图一举突破第4装甲集团军的主阵地。在公路北侧，苏军以两个集团军的兵力向科罗斯坚挺近，计划在突破该处德军防线之后，从侧面包抄日托米尔。苏军的一个军已经突进到日托米尔城下，该城危如累卵。

面对如此威胁，曼施泰因决定实施大范围的兵力转移，他向陆军总司令部报告道，他计划从第1装甲集团军抽调5—6个师支援集团军群左翼的战事，并希望总司令部能赋予集团军群右翼自由行动权。陆军总司令部当然明白曼施泰因其实是计划着为撤出第聂伯河河曲的东部地区作准备，他们还是希望能通过调遣少量部队来解决危机。

但曼施泰因再次强调，此次第4装甲集团军地域内的危机，将可能危及德军整个东线南部的战略安全，少数的两三个师已经不能解决问题了。他甚至明确地提出了自己对防线调整的建议，即：第聂伯河东部防线撤到尼科波尔—克里沃罗格一线，将因此节省出来的兵力——12 个师——的一半和第 1 装甲集团军撤出河曲地带，投入到集团军群北翼；另外的 6 个师则划归第 6 集团军指挥，由其重新部署第聂伯河下游地区的防务。

正如所料，希特勒再次犹豫了，12 月 28 日，他表示愿意再向第 4 装甲集团军地域内投放几个师的兵力。但严峻的形势已经没时间让德军进行从容的布置了，因此，曼施泰因决定利用苏军的进攻间歇期单独行动。

12 月 29 日，曼施泰因令第 1 装甲集团军抽出其第 1 装甲军调往集团军群左翼，至迟应于 1 月 3 日接管第 4 装甲集团军从第聂伯河到别尔季切夫东南的防线，从第 3 装甲军和第 6 集团军抽调的四个师应部署在该段防线的左翼后方。为了补充第 4 装甲集团军的兵力，陆军总司令部也加派第 46 装甲军进行支援。

12 月 31 日，得知曼施泰因行动的希特勒被迫同意了这一既成事实，但他还是不愿下令撤出第聂伯河河曲地带。

还未等第 1 装甲集团军地域的兵力到达北翼，第 4 装甲集团军的情形就严重恶化了。苏军在日托米尔两侧地带达成突破，第 4 装甲集团军的各军再次被苏军分割开来，但奇怪的是，苏军为第 4 装甲集团军各军所牵制，既未对被分割的德军实施包围，也未从防线缺口处快速突入。

但在苏军的持续压迫下，第 4 装甲集团军的防线被迫后撤 80 公里，距离文尼察只有 60 公里了，左翼的第 59 军也正向罗夫诺方向撤退。右翼的苏军在反应过来以后，快速向南突击，直到在距离乌曼 50 公里的地区，苏军才被刚赶到的第 3 装甲军阻挡住。

眼见北翼即将被苏军完全突破，曼施泰因计划利用两个装甲军——第 3

装甲军和第 26 装甲军——的兵力，从东西两侧对突进的苏军进行截击。但这只能是暂时措施，曼施泰因将眼光瞄向了 1 月 4 日举行的例行"形势报告会"上。

在会上，曼施泰因再次和希特勒爆发了公开的争论。前者强调南方集团军群北翼的巨大危机，极力认为只有撤出第聂伯河河曲地带，缩减防线长度才能解决问题；同时应在北翼后方的罗夫诺集结一个集团军，以备不虞。

希特勒则从德军战略全局考虑，认为南线的后撤将影响整个苏德战场的形势，土耳其、罗马尼亚等国很可能因此弃德国而去。他劝曼施泰因再坚持几个月的时间，等到西线局势缓解下来再说。

二人自说自话，争论到最后也没能达成实质性的共识。但曼施泰因不愿放弃，他请求与希特勒和蔡茨勒二人单独商谈，希特勒勉强同意。

尽管曼施泰因是以"指挥方式"的委婉方式提出的，当他提及军事指挥权问题时，希特勒的愤怒终于遏制不住了。在曼施泰因提到应任命一位东线总司令的问题时，他咆哮道："元帅们连我的命令都敢违抗，你认为他们会服从你吗？"没想到曼施泰因直接回答道："我下达的命令都得到了认真执行。"面对曼施泰因这种颇有自荐之意的态度，希特勒只能保持沉默。曼施泰因想通过正常渠道取得军事指挥权努力的多次失败，刺激了激进派们发动刺杀行动的步伐。

请兵不成的曼施泰因只能回头继续苦战。虽然整个一月份苏军都在第聂伯河河曲地带狂攻不止，但在第 8 集团军的苦苦坚守下，河曲地带的防线并未崩溃，虽然基洛沃格勒被迫放弃。

在左翼地区，第4装甲集团军虽然得到第1装甲集团军的协助，但其防线在苏军的步步紧逼之下不得不一再后撤。由于第1装甲集团军新到，而第4装甲集团军又不断后撤，两军的防线一直很难稳定地衔接起来。同样出现防线漏洞的还有第4装甲集团军与中央集团军群防区接壤的左翼。

1944年1月6日，苏军以5个集团军的兵力攻击第4装甲集团军左翼的防线缺口，以2个集团军——第40集团军和第1坦克集团军——的兵力攻击第4装甲集团军右翼外的防线薄弱地段。后一路苏军一度突击到乌曼北部30公里处，该城是第1装甲集团军的补给地，受到威胁的位于文尼察的集团军群司令部已经撤往西方的普洛斯库罗夫城。集团军群的补给线也受到了威胁。

经过与司令部的紧急商议，曼施泰因计划首先解决第1装甲集团军和第4装甲集团军防线之间的危机，以保证南边第6、8集团军退路的安全。为确保这一地段的安全，希特勒同意前调第46装甲军前来助战。

由于苏军对乌曼方向的突破，刚到达预定集结地点的第1装甲集团军不得不往南撤，这样，该集团军与第8集团军的左翼一起形成了一个狭长的突出部，顶端尚在希特勒一直不愿弃守的卡涅夫附近。如果苏军成功突破第1装甲集团军的防线，德军防线突出部内的部队将会被全部包围。

为了避免出现这种可能的危局，曼施泰因决定利用3个军的兵力对前来突击的苏军两个集团军实施反突击。直到1月的下半月，用于在左翼实施攻击的第46装甲军方在预定出发地域完成集结随后攻击开始了。

按计划，第7军和第3装甲军从第1装甲集团军将从右翼出发，攻击苏第 40 集团军；此步行动完成后，第 3 装甲军再和第 46 装甲军一道实施向心突击，在另外三个师的配合下，围歼苏第 1 坦克集团军。苏军两个集团军损失殆尽，南方集团军群防线中段的危机暂时解除。

但曼施泰因发动反突击的目的旨在为撤出第聂伯河河曲地带争取时间，所以在发动进攻期间，他并未忘记继续对希特勒进行劝说。

成功防守就是胜利。曼施泰因再次强调，应从北方集团军群抽调一个集团军或者撤回位于克里木的第 17 集团军，将之部署在罗夫诺地域。只有成功稳固南方集团军群北翼的防守，才能避免德军整个防线——当然也包括希特勒一直不愿放弃的河曲地带——的一再后撤。

如同 1 月 4 日采取与希特勒针锋相对的态度一般，曼施泰因在随后呈给陆军司令部的一封信中直言道，如果最高统帅部一直对下属的建议置之不理，那么，他将很难得到各集团军群在作战行动上的密切配合。但这封信并未收到任何回复。

于是，曼施泰因直接向希特勒递交了一封长信，再次劝说希特勒撤出第聂伯河河曲地带，并声言如果不然，其后果将是德国难以承受的。希特勒对这封信颇不以为然，在几天后再次遇到曼施泰因的顶撞后，这封信被希特勒刻意提到。

希特勒显然认为曼施泰因一再犯颜直谏是对作为元首的他缺乏忠诚和信仰所致。1 月 27 日，他将东线所有师级以上的军官召集到大本营进行"学习"，其内容则是纳粹思想，授课人由希特勒本人担任。

在希特勒进行报告的时候，他明确表示了对军队高级将领忠诚度的怀疑，他讲道："当帝国末日降临的时候，元帅和将军们能成为国旗最后的保卫者就好了。"曼施泰因认为这话是对整个德国军人的严重侮辱，他站立起来，直视着几步外的希特勒，缓缓言道："我的元首，一定会是这样的。"好一会儿，从讲话被打断中醒过来的希特勒冷冰冰地道："谢谢您！曼施泰因元帅!"

报告结束后，希特勒又将曼施泰因单独叫过来，他似乎想教给这位元帅一些与自己相处的基本礼仪，他直言道："元帅先生，您不应该打断我的讲话。"有趣的是希特勒接下来的一句话，他继续讲道："您几天前给我递交了一封信。我想您的目的应该是想通过战时日志在后人面前为自己辩解几句吧。"听到这话，曼施泰因哭笑不得，明确否认自己曾怀有这种意图。希特勒假意表示接受。教训过曼施泰因之后，希特勒又煞有其事地征求他对克里木局势的看法。

1月底，苏军在第6集团军北翼地区达成重大突破，之前仍抱有一丝希望的希特勒不得不同意撤离河曲东部和尼科波尔桥头阵地，尼科波尔城也宣告失守。

德军之前在卡涅夫及其以南防线突出部北侧的胜利并未能维持下来。1月下旬，苏军从南北两面对该突出部的两侧的德军防线发起攻击，在突破了德军两个集团军的防线之后，苏军四个军的兵力在乌曼东北的兹韦尼戈罗德卡地域会合。位于突出部的第1装甲集团军的第42军和第8集团军的第11军，共计5万余人被苏军合围。

1月28日，得知此消息的曼施泰因立即决定分别从两个集团军各抽调一个军的兵力实施解围行动。由于雪后路滑，解围部队的集中一度被推迟。解围行动开始后，德军迅速切断苏军包围部队的退路，并成功歼灭之。但同样由于天气的关系，解围的第3装甲军不得不停止推进。

在等待援军的同时，两军在包围圈内坚持了半个多月之久。2月16日，在未得希特勒同意的情况下，曼施泰因下令包围圈内的德军向西南方向突围。在歼灭苏军包围部队后，两军残余的3万余人成功逃出包围圈，但武器辎重已经损失殆尽，在未得补充前已经无力再战了。

至此，集团军群防线中段的态势恢复了稳定。在德军撤退到文尼察—舍佩托夫卡一线之后，防线暂时恢复了平静，苏军也利用此一段时间进行休整。但苏军一直未曾放弃在南方集团军群和中央集团军群结合部的军事行动，他们跟随撤退的德第13军、第59军一路向西，于2月初攻占罗夫诺城。

其实，自1942年冬德军防线被苏军突破之后，德军最高统帅部一直未能完成对在南方集团军群和中央集团军群结合部，尤其是中央集团军群南翼之第2集团军的重编工作。两大集团军群之间一直是德军防守最为薄弱的地段，该地段之所以确保不失，很大程度上得益于曼施泰因加强左翼策略的成功实施。但德军防线的一再撤退，理论上的很大部分原因也是该部分兵力未能足够强大所致。

早些时候，曼施泰因已经要求在罗夫诺地域重新集结一个集团军的兵力，但并未得到希特勒的答复。罗夫诺丢失之后，希特勒将火气发到当时守城的师长身上，由军事法庭判处其死刑，后在曼施泰因和霍利特的极力申诉下，希特勒撤销了对该师长的指控。

就此一地段的局势来看，确是不能将丢城失地归之为军人作战不力所致。但这说明随着战局的日益恶化，希特勒试图以非常手段督促各级将领的行动，加紧对部队的控制。

关键还是在苏德双方的兵力对比上的巨大差异。据南方集团军群的调查统计，自 1943 年 7 月以来，苏军总共补充不下 100 万人的兵力，基本弥补了战损。相对而言，南方集团军群在损失 40 余万人之后，仅得到 22 万人的兵力补充。而在武器装备上，苏德每个装甲师所拥有的坦克数量之比达到 2:1 或 3:1 的程度，德军补充的坦克（加上自行火炮的数量）也不到苏军补充数量的 1/3。苏军已经从人海战术变为依靠装备数量取胜了。

尽管苏德双方的兵力和装备数量相差悬殊，但希特勒，甚至包括蔡茨勒在内，都相信经过大半年的攻击作战，苏军已经到达其能力的极限，迟早会停止进攻的。但一线作战的将帅们并不赞同这样的看法，他们看到的是德军整个东线命悬一线的危局。

希特勒寄希望于泥泞季节到来之后，苏军会停止进攻。但苏军为应付这一季节，早已经做了准备。他们一方面加宽坦克履带，使坦克尽量少受泥泞道路的影响；为了保证后勤补给和兵力投送，苏军还从美国弄来大批越野型载重汽车。苏军通过装备革新和升级，大大增强了部队在泥泞季节的机动能力。德军在装备方面已经开始落后于苏军了，很多火炮仍由马匹负责牵引。

眼看泥泞季节就要来了。为了阻止苏军计划实施的对南方集团军群侧翼纵深的包抄，在救出被包围在卡涅夫的两个军并重建第 1 装甲集团军和第 8 集团军之间的联系之后，曼施泰因决定在泥泞季节到来之前完成向集团军群左翼的兵力转移。

2 月底，在集团军群北翼，苏军白俄罗斯第 1 方面军加入南线作战，投入到罗夫诺地域内。这样，在整个南方集团军群（包括隶属 A 集团军群的第 6 集团军）正面的苏军兵力达到惊人的 5 个方面军。苏军在德军左翼投入新的方面军，但苏军也并不计划在整个南方集团军群的北翼实施大规模突破。兵力增加后，苏军防线相对缩短，他们将突击目标锁定在第 1 装甲集团军和第 4 装甲集团军的结合部，曼施泰因不得不相应加强该地域的防守兵力。

曼施泰因的计划是：从第 1 装甲集团军和第 8 集团军防区内，抽调第 3 装甲军军部及其所属 3 个装甲师的部队，投入到普洛斯库罗夫附近的第 4 装甲集团军待命。另外从上述两个集团军中再抽调 2 个装甲师和 1 个重型装甲营，在第 48 军军部的指挥下，参与捷尔诺波尔地域的防守。两军的任务旨在守住第 4 装甲集团军的右翼，防止苏军在布格河源头地区取得突破。两军应于 3 月中旬前完成集结。

而更远的伦贝格及其以北地域，此时只剩下第 4 装甲集团军的数个受损颇大的师了，第 13 军军长豪费将军阵亡，警察部队也不得不参与防守。对此地的局势，曼施泰因已经无能为力了，他寄希望于陆军总司令部能筹集两个集团军的兵力投入到这里，否则如若集团军群的中部和南翼防线继续撤退的话，这里将再次成为苏军的突击地点。但到此时为止，希特勒仅答应暂时再投入 3 个步兵师的兵力。

相对而言，曼施泰因在南翼的策略就简单很多，即尽量迟滞苏军的进攻，必要时大可向后撤退，这也是他一直向希特勒争取南翼的自由行动权的原因所在。丢失尼科波尔之后，第 8 集团军和第 6 集团军大范围向西撤退。由于第 8 集团军的兵力被大量抽调，乌曼宣告失守。3 月 9 日，苏军在尼古拉耶夫地区突破了第 6 集团军防线，并渡过布格河。之后，两集团军在德涅斯特河以东地区重新建立防线。

3 月初，为了就近指挥第 4 装甲集团军作战，集团军群司令部先迁到卡缅涅茨—波多利斯基，后又迁至伦贝格。

由于泥泞季节的到来和坦克车数量不足，划归第 3 装甲军和第 48 装甲军指挥的各部未能在 3 月中旬前在指定地域完成集结。

3 月一开始，苏军的三个集团军即向普洛斯库罗夫—捷尔诺波尔地域发起攻击，旨在切断南方集团军群右翼德军的补给线。在舍佩托夫卡阵地被突破之后，负责防守的德第 59 军被迫撤退，苏军衔尾而至，直接插入普洛斯库罗夫和捷尔诺波尔之间的地区。尚未完成集结的第 3、48 装甲军不得不提前投入战斗，以阻止苏军向德涅斯特河挺进。

在防线多处被突破的时候，曼施泰因对于防御战的态度也变得消极起来，所谓"积极防御"已经是不可能的了，他仅仅希望能成功地将苏军的攻势拖入泥泞季节，为德军赢得重新部署防线的机会。

希特勒也转变防守战的策略了。眼见德军无力实施整条防线的固守，各部之间的联系又经常被打断，希特勒决定实施重点防御，即重点防守交通枢纽和具有战术价值的地点，希特勒称之为"要塞"。按照希特勒的要求，每个要塞配备一名司令官，签下军令状，死战到底，绝不投降；防守要塞所需的人员和物资，由所在地区的集团军负责提供。

3 月 15 日，由于第 8 装甲军的左翼被击溃，临近的第 1 装甲集团军的右翼部队不得不跟着撤退。希特勒立即将德军防线上暴露出来的文尼察定为"要塞"。为此，第 1 装甲集团军需要分出三个师的兵力负责防守，而若仅是想守住该城则又不需要这么多的部队。况且，在左右两翼缺乏友邻部队保护的情况下，凸出的文尼察很快会被苏军包围吃掉。为了减少因形成此类纯粹的防御战而导致的人员损失，曼施泰因一般都在最后关头下令放弃。

当时苏军的一个坦克集团军正在普洛斯库洛夫以西地区待机，试图对该集团军实施包围作战。最大的危机还在于因第8集团军左翼溃散后德军防线形成的巨大缺口，3月15日之后，苏军的六个集团军从乌曼和文尼察之间的缺口迅速西进，迅速渡过布格河，直入德军纵深地区。

第二天，苏军以一个集团军继续朝德涅斯特河推进，另以三个集团军的兵力攻击第8集团军的北侧防线。尽管在各部的协同作战之下，普洛斯库罗夫—捷尔诺波尔地域未被苏军完全突破，但第1装甲集团军已经处于苏军的半包围之下，如果第4装甲集团军地域内的作战不利，前者很可能被苏军的强大兵力死死围住。

伴随着苏军的大突破而来的是德军人员和装备的大量损失，随着基层指挥人员和老兵的大量阵亡，德军部队的战术力正在急剧下降。同时，德军的装备也远不如从前，装甲军的坦克数量已降到20辆左右，攻守都难获全胜。

在此情况下，希特勒的侍卫长施蒙特拿来一份文件要求曼施泰因签字，这是一份对希特勒和其大德意志帝国表忠心的文件。施蒙特认为，如果所有陆军元帅都能签字，希特勒很可能会增加对陆军的信任。但施蒙特的主意很可能得到过希特勒的授意，因为在此前卡涅夫的包围战中，由苏联支持成立的"自由德国委员会"曾试图劝降包围圈内的德军，但当地德军不为所动。

3月19日，包括曼施泰因在内的多位高级将领被召到萨尔茨贝格开会。会上，上述文件由龙德斯泰特元帅亲自呈给希特勒。曼施泰因后来回忆道，希特勒的这种行径是对军人观念的残忍践踏，促使他再次萌生退意。

在这次会上，曼施泰因再次要求缩短防线，尤其是第6集团军应该立即撤出布格河下游东岸的防线，这一主张得到克莱斯特的赞同。

由于无法阻止第8集团军和第1装甲集团军之前的苏军行动，曼施泰因建议应将第8集团军配属给A集团军群，由第6集团军抽调兵力协助第8集团军的左翼防守。同时，为了保证罗马尼亚边界的安全，在德军兵力不足的情况下，应力邀罗马尼亚人参与普鲁斯特河以东地区的防务。

南方集团军群方面则应继续增加左翼的兵力，在喀尔巴阡山以北建立防线，以威胁苏军试图借道匈牙利挺进巴尔干地区的军事行动；加强伦贝格地区的防守，紧守通往波兰的门户。另一个重要方面是必须恢复第1、4装甲集团军之间的联系，避免前者落入苏军的包围圈。

在1942年冬季之后，罗马尼亚和匈牙利等国就撤离了苏德战场的一线，仅保留小部分部队参与德军后方的治安维持工作，负责清剿苏军游击队，保卫交通线的安全。但到此时，战局早已逆转，即将威胁到罗马尼亚和匈牙利等国本土的安全。曼施泰因相信，两国军队应该会与德军并肩作战。

希特勒尚不愿撤出布格河下游，也拒绝对南方集团军群司令部的下一步行动做出战略性的安排。

　　但曼施泰因提出的增调罗、匈两国部队到一线参与防守的建议得到了批准。3月23日，匈牙利第1集团军划归曼施泰因指挥。3月28日，匈牙利国防部长洛考托什和第1集团军司令访问了集团军司令部。洛考托什一再宣称部队尚未集结，也缺少反坦克武器，难以阻挡苏军的装甲部队。曼施泰因遗憾地发现，匈牙利似乎不打算对苏军进行顽强的阻击。

　　3月19日夜，南方集团军群的形势再度恶化。第8集团军的左翼在苏军强大集团军群的攻击之下，不得不向南方撤退——这本是曼施泰因正力图避免的。由于无法从希特勒处得到调派第6集团军部队的许可，曼施泰因求助于安东内斯库，希望他能将本计划用来防守普鲁特河的罗马尼亚部队投入到第8集团军的左翼，以避免该集团军被压迫到沿海地带。

　　但第1装甲集团军正面临着前所未有的威胁。先是该集团军右翼在布格河畔被苏军击败后，被迫撤往德涅斯特河的防线。

　　左翼由于早先的一次反突击而暂时维持住了态势。但到3月20日，苏军的两个坦克集团军在德涅斯特河上游达成突破。三天后，苏军先头部队已经达到切尔诺夫策北部的德涅斯特河渡口，德第1装甲集团军的补给线被切断，被迫改为空中补给。腹背受敌的第1装甲集团军不得不继续后撤并缩短防线，并分兵抵抗西面敌人的攻击。

　　曼施泰因计划将南方集团军群的防线撤到喀尔巴阡山北侧，为了在此地重建防线，第1装甲集团军就必须撤出当前地域，否则它甚至可能被苏军合围。

3 月 23 日，曼施泰因请求陆军总司令部强调兵力，配合第 1 装甲集团军的撤退行动。第二天，曼施泰因收到回复，陆军总司令部禁止该集团军撤退，并要求他们坚守目前防线，并自行打通身后的陆路补给线。

这简直是强人所难，曼施泰因这样想着。对此，他回复道，如果陆军总司令部不批准集团军群的请求，他将于当天晚些时候下令该集团军向西突围。

但对于撤退线路的选择，曼施泰因与时任第 1 装甲集团军司令的胡贝将军之间发生了分歧。胡贝认为在自身后路被切断的情况下，向南渡过德涅斯特河是最安全的撤退路线；在辨明苏军在德涅斯特河地区的动向后，曼施泰因否决了胡贝的建议，坚持要求该集团军打通向西的线路，到喀尔巴阡山地区与第 4 装甲集团军会师。

9 月 25 日，曼施泰因受希特勒的召见，飞往元首大本营参加情况汇报会。在出发之前，他已经下令，要求第 1 装甲集团军向西突击。

在中午的会上，曼施泰因和希特勒就该集团军是否应该撤退的问题爆发了激烈的争论。希特勒显然对曼施泰因这种一直嚷着兵力不足，而在获得补充之后又无法守住防线，反而不断要求后撤防线的态度早已不满。他认为曼施泰因浪费了他辛苦筹集的兵力，却无法获得相应的战果。而以空军的侦查情报为依据，希特勒声称在南线战场，往往是少量的苏军坦克部队追着大量逃窜的德军。当德军已经撤退到苏联边境地区的时候，希特勒对曼施泰因也已经忍无可忍了。

曼施泰因却颇感委屈，自觉每次都是希特勒无法一次性提供足够的兵力，自己不得不依靠已有的微薄兵力艰难谋划，好歹德军并未出现大的损失。没有功劳，但也不能将防线步步后撤的责任归罪到自己头上吧？

因此，对于希特勒的责问，他直言道，1942 年冬以后战事不利的局面，完全是因为兵力不足的缘故。集团军群一直注重保存部队的战斗力，但新补充的兵力缺乏充分的训练和作战经验，难以完成集团军群司令部下达的任务。

吵过闹过之后，曼施泰因还没忘记自己的主要目的——劝服希特勒允许第 1 装甲集团军西撤。但希特勒一直不愿表态。

会议不得不暂停。曼施泰因通过施蒙特再次向希特勒施压，如果希特勒不同意撤出第 1 装甲集团军，他请求希特勒一并撤销他的集团军群司令一职。

令曼施泰因恼火的是，胡贝于下午再次请求曼施泰因准其向南撤退，被曼施泰因严词拒绝。

晚上，情况汇报会继续召开。但希特勒的态度发生 180° 的大转变，他不仅表示同意第 1 装甲集团军向西撤退的计划，并将从西线和匈牙利地区共抽调两个党卫队装甲师和两个步兵师的兵力投入到第 4 装甲集团军地域内。希特勒甚至对曼施泰因提出对于南线战事的建议——即南方集团军群负责喀尔巴阡山到普里佩特沼泽地一段防线，而喀尔巴阡山以南地区的防务则由罗马尼亚和 A 集团军群共同承担——基本赞同，仅是在由安东内斯库统一领导德、罗两军作战的问题上给出了否定的答案。

3 月 26 日，曼施泰因返回伦贝格。第二天，"要塞"捷尔诺波尔被苏军包围，第 13 军在布罗迪附近也将被苏军完全切断了与后方的联系。第 4 装甲集团军的劳斯将军虽然信心满满，但 20 天之后，苏军攻破捷尔诺波尔，德军守将冯·内因多夫上将战死，只有少量德军得以突破包围圈。

正当回到伦贝格的曼施泰因与第 4 装甲集团军商量着如何救出第 1 装甲集团军的时候，希特勒派他的"神鹰"座机将曼施泰因和克莱斯特二人接到元首大本营。据事前得到的消息，希特勒准备将二人撤职。

/ 军事生涯的终结 /

3月30日下午，曼施泰因和克莱斯特乘坐"神鹰"抵达贝希特斯加登，蔡茨勒首先接待了他们。据蔡茨勒讲，自从3月25日的会议之后，戈林和希姆莱再次向希特勒表达了对曼施泰因态度的不满，这促使希特勒下定决心撤销曼施泰因的职务。蔡茨勒曾向希特勒表示，如果曼施泰因去职，他将与其同进退，但他的辞呈未得希特勒的同意。

晚上，希特勒分别接见了曼施泰因和克莱斯特。他表彰了曼施泰因在过去的一年多时间里为南线战事付出的辛苦努力，为其颁发双剑桦树叶勋章。谈到为何要撤销曼施泰因的职务时，希特勒言道，他认为曼施泰因长于大规模的进攻作战，早在法国战役开始前他就了解了这一点；而现在德军正在步步后撤，他需要一个更善于防御战的将领来领导南方集团军群。

对于希特勒的这类说辞，曼施泰因也只能点头赞同。但他对希特勒突然的撤职举动显然还是颇为愤怒的，在结束谈话的时候，他握着希特勒的手道：

"我的元首，希望今天的选择不会是个错误的决定！"

当晚，希特勒宣布，撤除曼施泰因南方集团军群总司令的职务，编入预备军官行列；南方集团军群改为北乌克兰集团军群，因稳定列宁格勒局势而晋升元帅的原北方集团军群司令莫德尔改任该集团军群司令。

希特勒接受曼施泰因的计划，却撤销了他的职务，显然并不是曼施泰因不善于防守作战，曼施泰因认为直接原因很可能是 3 月 25 日的会议使希特勒颇感颜面无光。

3 月 31 日，曼施泰因乘坐容克 JU52 型飞机回到伦贝格，准备与莫德尔交接指挥权。为保证第 1 装甲集团军的顺利撤出，他下达了最后的命令。

4 月 2 日，曼施泰因向莫德尔移交指挥权。4 月 5 日，第 1 装甲集团军按计划向西突围。4 月 9 日，经过 240 公里的艰难行军，该集团军终于在捷尔诺波尔以南与第 4 装甲集团军会师，但该集团军未能如曼施泰因所没想的保住其重型装备和武器。

曼施泰因的离职在南方集团军群司令部造成了极大的震动，司令部的很多人自从 1942 年夏天的克里木起就一直跟随着他。在听到曼施泰因被撤职的消息后，司令部包括作训处长、军需处长和人事处长在内的众多职员纷纷提交辞职报告，要求被一起调离。南方集团军群的曼施泰因时代结束了。

自"堡垒"行动之后的九个月时间里，曼施泰因一直处于连续不断紧张状态之中，现在终于是可以放松下来了。

4 月 3 日，曼施泰因准备离开位于伦贝格的集团军群司令部。新老朋友都到车站为他送行，他的飞机驾驶员朗格尔中校也来了，他告诉曼施泰因：元帅先生，我已经把克里木徽章从您的座机上取下来了——新任指挥官已经不用再享受这种荣誉了。

曼施泰因离开了，从此再没有回来过。总参谋部的最后一位继承者渐渐退出了军事舞台。

之后的几个月里，曼施泰因接受了白内障切除手术，一直在德累斯顿疗养，不再过问军事，就连当年 7 月份刺杀希特勒行动期间他也拒绝出山。如同之前的态度一般，虽然他不喜欢希特勒，但从小接受的军人观念教育又使他无法做出暴力对抗领袖的举动，他曾一再宣称："普鲁士的元帅绝不叛变！"但他也决定不向希特勒告密，从根本上看，他对纳粹观念是不抱好感的。

盟军开辟第二战场之后，曼施泰因将家人疏散到德国西部格尼茨。1945年，曼施泰因被英军元帅蒙哥马利俘虏，被带到英国，囚禁于布里金德。

1949 年，在汉堡盟军军事法庭上，作为战犯的曼施泰因被起诉，并被判处有期徒刑 18 年，监禁于韦尔监狱。1952 年，曼施泰因因为健康原因而被特赦，提前释放。

在此后直到他去世的二十余年间，尽管在西德重建国防军期间他也充任了顾问的角色，但也并未久任。他晚年的主要精力都放在著书立说上了，他在 1955 年出版的"二战"回忆录《失去的胜利》一书，全面回顾了自己在"二战"期间的经历，为后世了解和研究苏德战场北线和南线的战争情况提供了丰富的素材。

在该书中，曼施泰因总结了德军东线失利的原因，他仍然认为是希特勒强调政治和经济目标重于军事目标的一贯策略造成的。当然，东线尤其是东线南翼的失利，也有他自己的责任。

希特勒为完成他三步称霸全球的目标，他刚在第二步取得初步胜利之时，就紧接着跨出了第三步，殊不知，当时的德国并不具备达成这样的实力。

参谋官出身的曼施泰因一直有着参谋人员的自觉，时常想着为最高统帅出谋划策。可悲的是，他服务效力的最高统帅却是希特勒。